RECLAM-BIBLIOTHEK

Das Kino lebt von den bösen, abgründigen, schurkischen Charakteren. Als Inkarnation des Abseitigen und Andersartigen erschrecken und faszinieren sie uns. Sie sorgen für die zwielichtige Atmosphäre, ohne die eine Geschichte allzu schnell langweilig wird. Größenwahnsinnige Superverbrecher (Dr. Mabuse), erbarmungslose Despoten (Darth Vader), schizophrene Wissenschaftler (Dr. Jekyll und Mr. Hyde), fiese Intriganten (J. R. Ewing), eiskalte Killer (Jeff Costello) und abnorme Serienmörder (Hannibal Lecter) füllen das Arsenal der »Anti-Helden«.
Dieser Band porträtiert die dunklen Gestalten, die durch Film und Fernsehen berühmt geworden sind und bisweilen geradezu Kultstatus erringen konnten.

Klaus Dimmler, geb. 1962, lebt als freier Autor in Essen. Letzte Veröffentlichung bei Reclam Leipzig (als Herausgeber): »Holmes, Marlowe & Co. Die besten Detektive der Welt« (RBL 1667).

Die größten Schurken der Filmgeschichte

Von Dr. Mabuse bis Hannibal Lecter

Herausgegeben von Klaus Dimmler

RECLAM VERLAG LEIPZIG

Mit 5 Abbildungen

ISBN 3-379-01711-6

© Reclam Verlag Leipzig 2000
Fotos: Cinetext Bild & Textarchiv, Frankfurt/Main

Reclam-Bibliothek Band 1711
1. Auflage, 2000
Reihengestaltung: Hans Peter Willberg
Umschlaggestaltung: KOCMOC.NET, Andrea Bernscherer und
Stefanie Marx, Leipzig, unter Verwendung eines Porträtfotos
von Hannibal Lecter aus dem Film »Das Schweigen der
Lämmer« (USA 1991)
Gesetzt aus Meridien
Satz: Reclam Verlag Leipzig
Druck und Bindung: Ebner Ulm
Printed in Germany

Inhalt

Vorwort

»Das Böse ist immer und überall« – wir wissen mittlerweile, daß wir dem Verbrechen nicht entkommen. Der
Mensch ist schlecht. Was uns im Alltag beunruhigt, möch-
ten wir allerdings in Film und Literatur nicht missen. Denn
das makellos Gute, Wahre und Schöne ist »rein« – und damit ist auch schon fast alles gesagt. Die Ruchlosigkeit und
Verdorbenheit des Bösewichts hingegen sorgt für ge-
spannte Aufmerksamkeit und liebevolle Abscheu. Ohne
respektablen Schurken würde kein Krimi oder Actionfilm
besonders aufregend sein. Und auch andere Genres profitieren unzweifelhaft von seinen Qualitäten. Kino und
Fernsehen sind deshalb voller »schurkischer« Charaktere.
Skurrile Welteroberungs- oder Weltvernichtungspläne,
dubiose Verbrechen, haarsträubende Machenschaften
treiben diese illustren Gestalten um. Jede Epoche schafft
sich »ihren« Schurken: Ob Dr. Mabuse, Norman Bates,
Alex DeLarge oder Hannibal Lecter, sie alle geben ein Bild
ihrer Zeit – und mehr, da die in ihnen manifestierten Abgründe, Ängste und Neurosen etwas Zeitloses haben. Sie
sind einerseits Verkörperungen des mythischen, nie endenden Kampfes zwischen Gut und Böse, andererseits jedoch nicht einfach das »Böse an sich«. Sie haben ihre
Schwächen und »guten« Seiten – wie jeder Mensch. Wer
sie vernichten will, muß daher auch ein bißchen wie sie
sein. Und manchmal stellt sich dann die Frage: Wer ist nun
eigentlich der Schurke?

Essen, im Juni 2000   *Klaus Dimmler*

Der Schurke an sich – und als solcher in der Darstellung

Verzeihen anstatt rächen, das ist des Schurken Sache nicht. »Auge um Auge, Zahn um Zahn«, so hält er es mit dem Alten Testament, auch wenn die Deutung nicht hinhaut, weil mit dieser Regelung gerade einem Übermaß an Strafe Einhalt geboten werden sollte. Im Römerbrief steht zu lesen, was Gott gesagt hat, nämlich: »Mein ist die Rache!« Aber was kümmert einen Schurken schon, was geschrieben steht, das Gott gesagt hat? Und daß Gott immer sich selber meint, wenn er »mein« sagt – wie ein Schurke, der allerdings darüber hinaus auch nicht zwischen »mein« und »dein« unterscheidet. Nicht einmal mit Mephisto könnte der Schurke sagen: »Zuweilen seh ich den alten Herrn recht gern« – schon das wäre ihm zuviel. Der Schurke, wenn er denn überhaupt liest, liest: »Mein ist die Rache!«, nickt mit dem Kopf, meint sich damit und sagt: »Genau!«

Noch weniger als mit den Theologen, unter denen es wenigstens noch echte Schurken gibt, kann er mit Philosophen anfangen, die das Gute im Menschen suchen, mit einem Erich Fromm etwa und seinem Bestseller *Die Kunst des Liebens* oder *Haben und Sein*. Ja, ja, der fromme Erich: Das Sein sollte man halt haben können, aber das gelingt nur Schurken. Freilich muß man beim Schandbuben, sagt der Analytiker, immer auch die Herkunft berücksichtigen, das soziale Milieu, die schlechte Gesellschaft oder auch die ungute Gegend. An den Einfluß des Teufels denkt, außerhalb von Kirchenkreisen, kaum noch jemand – dabei ist der Schurke ein Agnostiker von Gottes Gnaden.

Im Althochdeutschen ist der Schurke ein »fiur-scurgo«, ein »Feuerschürer« also, der dem Teufel und seinen Spießgesellen beim Schüren des Feuers hilft. Der Teufel ist beim

Schurken immer im Spiel. Lange bevor es so etwas wie den Film gibt, spielt der Schurke im großen Archetypenpark des Bösen mit.

I. Faust und nicht nur Mephisto: Ur- und Erzschurken

Unübertroffen an Schurkenkumpanei ist natürlich Goethes *Faust*. Ist Mephisto schon der Teufel in Person, stellt Faust keineswegs das Gegenprinzip des Guten dar. Sein historisches Vorbild Magister Georgius Sabellicus, Faustus der Jüngere, geboren am 23. April 1478 in Knittlingen und zum Teufel gefahren in alchimistischem Fehlversuch in Laufen/Breisgau 1539, gibt auf seiner Visitenkarte folgende Titel an: »Urquell der Nekromantik, Astrologe, der Zweite Magier, Chiromantiker, Äromantiker, in der Wasserkunst der Nächstgrößte« – ein Erzschurke mithin.

Er ist viel unterwegs, gern im Mittelpunkt von Gesellschaften und verdient sich damit auch noch leicht sein Geld. Er trinkt viel und liebt häufig. Das Volksbuch aus dem Jahre 1587 bedient sich dongiovannihafter Zählweise: Sieben teuflische Sukkuben, die er konsequenterweise alle beschlief, waren ihm vergönnt, auch von »zwo Niederländerinnen, einer Ungerin, einer Engelländerin, zwo Schwäbinnen, und einer Fränckin« ist ausdrücklich die Rede, welche außerdem jeweils »ein Ausbund des Landes waren«.

Faust ist für Freund wie Feind, für Schurke wie Schöngeist als »Teufelsbildner die himmeldienlichste Gestalt, die man sich nur wünschen mochte«, und »der beste Quartiermacher für einen Himmel, in dem keine Heiligen mehr Fürbitte leisten und vor allem Maria fehlt«. Zeit- und Zunftgenossen üben sich derweil in der Askese wie Paracelsus oder in der Ehe wie Agrippa. Faust plagt sich auch nicht mit dem Schreiben von Büchern oder dem Erwerb akademischer Ehren – daß man ihn den »Doktor Faustus« nennt, reicht ihm vollkommen. Seiner Magie ist er stets gewiß, der weißen wie der schwarzen.

Faustens Ende ist im Gasthof »Zum Löwen« nachzuvollziehen. Wer Lust hat, kann sich zum Nächtigen das Zimmer mit der Nummer fünf geben lassen, aus dem seine Seele gefahren ist. Er sagt noch zu seinem Wirt, daß er sich »nicht solle förchten, ob er schon groß krachen und erschottern des Hauses hören wird«. Und in der Tat ist das Haus vor Getümmel erzittert in dieser Nacht, und morgens hat man den Faust gefunden, tot, mit dem Gesicht auf dem Rücken, neben seinem Bette liegend. Einer anderen Version zufolge wurden nur noch seine Zähne, das Hirn und die Augen in dem Zimmer vorgefunden, während der Leib draußen auf dem Mist lag, noch immer an allen restlichen Gliedern schlotternd.

Kein Wunder, daß in der Umgebung bis zum heutigen Tag sich auffällig viele spirituelle Gruppen Energie versprechen. Dem verschließt sich nicht einmal die katholische Kirche, das Portal des Freiburger Münsters ist eine regelrechte Einfallspforte für Spurensuchende auf Schurkenebene. Da tummeln sich eben nicht nur die üblichen Engel mit ihren Posaunen und Hirten, da bringt sich gleichzeitig Judas um, während andere Tote wiederauferstehen. Es wird gefangengenommen und gegeißelt, Seelen werden gewogen, der Teufel betet, ein anderer schlägt seiner teuflischen Ohnmacht halber die Hände über dem Kopf zusammen. Fünf törichte Jungfrauen erweisen sich als Grammatik, Dialektik, Rhetorik, Geometrie, Musik, Arithmetik und Astrologie. Nicht einmal ein Schurke möchte mit ihnen schlafen.

Die Wollust ist nur mit einem Bocksfell bekleidet, und dem Fürsten der Welt wird der Rücken von Schlangen und Kröten zerfressen. Jedoch gibt er sich als eleganter Jüngling, eine Rose in der Rechten, während ein Wasserspeier seinen Hintern als Regenausguß einsetzt; der Baumeister hatte sich mit dem Bischof, seinem Auftraggeber, verkracht und ihm solcherart zu verstehen gegeben, was er von ihm hält. Der Teufel steckt hier wirklich im Detail, das ganze Portal ein großes Schurkenstück, ein Film in steinernen Bildern!

Bei aller Historie Fausts: Wenn Goethe nichts aus ihm gemacht und den Stoff, den Faust ballt, zu seinem Haupt-
geschäft erkoren hätte, wir wüßten nicht viel mehr über
diesen Erz- und Urschurken. Natürlich heißt einer nicht
umsonst »Faust«. Er haut sozusagen ständig mit der Faust
auf den Tisch – auf jeder Ebene, die sich ihm bietet. Er
haut auf seinen eigenen, persönlichen Tisch, weil er nicht
mehr weiterkommt mit der Wissenschaft. Spirituell, weil
ihm vom Erdgeist bis Gott nichts ausreicht, also muß der
Teufel persönlich heran. In der Wirtschaft haut er wirklich auf den Tisch, in Auerbachs Keller, da sprießt dann
gleich der Wein aus der Platte.

Er gibt es auf, mit der Vernunft weiterzukommen, er ver-
schreibt sich dem Irrationalen, der Magie, dem Rausch,
dem Abgrund, dem Teufel. Allerdings ist der von vielen geschätzte Goethe-Forscher K. R. Eissler, der Goethes
Sexualleben besser kennt als Goethe selbst, in seiner
zweibändigen Studie *Goethe*, erschienen im Verlag Roter
Stern, der Meinung, daß Mephisto der Träger der Homo-
sexualität Fausts ist. Wir müssen infolgedessen mit dem
Schlimmsten rechnen, etwa in der Art von Arno Schmidts
entlarvender Analyse *Sitara*, mit der wir jäh aus unserem
naiven Karl-May-Verständnis herausgerissen werden und
erfahren müssen, daß seine »Welt aus Hintern erbaut ist:
Hintern als Felsenkessel, Hintern als Tälchen, Hintern als
Höhlen und schlimme Klüfte … Penis-Herbergen« allesamt. Auch Eissler kommt auf diese Hintern im *Faust* zu
sprechen, und zwar im zweiten Teil, in dem Mephisto sich
»in den Hintern eines (unzweifelhaft männlich gedach-
ten) Engels verliebt«. »Ein ewiges Entzücken« wäre es
ihm, wenn der Engel einmal lächelte. Womit er Faust her-
einlegen wollte, dem geht er selbst auf den Leim.

Die Traumpaare deutscher Homophilie ergänzen sich
solcher Analyse zufolge wie Yin und Yang: Faust und Mephisto als Schurkenpaar, Winnetou und Old Shatterhand
die beiden Lichtgestalten, alle vier geeignet als Archety-

13

pen eines nationalen Heldenmythos, Identifikationsmuster verdrängter Sehnsüchte – in Buchform, auf dem Theater, cineastisch, virtuell.

Goethe ist nicht zu retten, Karl May sowieso nicht – »Der Apache schlief natürlich bei mir«, schreibt er sich und seinem Old Shatterhand ein ums andere Mal auf den Leib. Auch der Vatikan hat inzwischen die Gefährlichkeit des vermeintlich betulichen Volksschriftstellers Karl May entdeckt. Sogar auf den Index wäre er gekommen, hätte man ihn nicht noch vorher aufgelöst – und zwar aufgrund einer Denunziation, May verbreite »Ideologien von einer universellen Weltreligion«. Das sind natürlich die besonders abgefeimten Burschen.

Goethe hat noch selbst zur Schere gegriffen, die Zensur zu unterlaufen. Aus der Walpurgisnacht wurde die komplette Satansszene herausgenommen, die nach »Oberons und Titanias goldener Hochzeit« hineingehört hätte; Regieanweisung: »Einsamkeit, Öde. Trompetenstöße. Blitze. Donner von oben. Feuersäulen, Rauch, Qualm.« Und dazu der Text: »Für euch sind zwei Dinge / Von köstlichem Glanz: / Das leuchtende Gold / Und ein glänzender Schwanz. / Drum wißt euch, ihr Weiber, / Am Gold zu ergötzen / Und mehr als das Gold / Noch die Schwänze zu schätzen.« Sagt der Satan. Also heraus damit!

Aber das nützt nichts: Faust kann trotzdem nicht gegen Mephisto anstinken, auch wenn er von Will Quadflieg gespielt wird. Der Teufel ist einfach interessanter, nicht nur weil ihn Gustaf Gründgens spielt, selbst ein großer Schurke, und das im richtigen Leben. Das Gute ist einfach nur gut, und wer das spielen muß: Wie soll er über das Eindimensionale der nun einmal so angelegten Rolle hinauskommen? Das nur Gute ist nur fad. Der Gute säuft nicht, hurt nicht, läßt es nie krachen, sondern ist immer nur vernünftig, wie langweilig. Das Böse aber schillert, ist aus vielen Schichten zusammengesetzt, hat Abgründe und Brüche, liebt das Irrationale, Chaos und den zotigen Witz. Es ist gefährlich, aber interessant.

Judas ist immer interessanter als Jesus – auch wenn es für Judas bei König Ludwig II. nur Gulden aus Silber gibt und nicht solche aus Gold wie für die anderen Hauptdarsteller. Als Jesus-Darsteller hast du dafür auf der Bühne kaum eine Chance. Eine ganz schwierige Rolle ist dieser Jesus von Oberammergau. Ein paar Tauben vertreiben, den Schächern die Tonkrüge eintreten wie einst Jürgen Klinsmann die Werbetrommel am Spielfeldrand, das ist schon fast alles an Bösem, was ihm vergönnt ist. Dann geht es nur noch dahin. Auch in der Passionsaufführung aus dem Jahr 2000, die mit der Schwarzweißmalerei etwas aufräumt, muß Jesus natürlich der Gute bleiben, auch wenn er oft genug befremdlich wirkt, und Judas der Böse, auch wenn er jetzt als Hundertfünfzigprozentiger auftritt und deshalb Jesus verrät, also aus ideologischen Gründen.

In der barocken Textfassung des Passionsspiels hat er noch anders die Sau herauslassen dürfen, allein schon, wie er sich umbringt: »Schutzt sich zur Leiter hinaus und hangt. Der Sathan druckt ihm oben das Genick ab. Belzebub und Acheroth laufen zu und ziehen ihn bei den Füßen. Eine andere Schar der Geister machen einen Kreis um den Baum, klatschen die Händ aneinander, hupfen und springen ...«, so steht es in der Regieanweisung. Und dann ruft der Sathan: »Nur lustig!« Und die Verzweiflung ruft: »Nur lustig!« Und Acheroth ruft: »Nur lustig!« Und noch einmal die Verzweiflung: »Nur lustig! Seht, was unsre Raben für ein gutes Fressen haben!«

In diesen alten Aufführungen ging es dabei recht zünftig zu. Nachdem sich Judas erhängt hat, traten kleine Teufel auf die Bühne, die ihm den Bauch öffneten und die Gedärme, die durch Strauben dargestellt wurden, unter dem Beifall der Zuschauer herauszogen und verschlangen. Strauben sind Ausgezogene, also ein Schmalzgebäck – eingesetzt als wunderbarer Theatergag, aber natürlich ein Greuel für jeden Theologen. Mit dem Teufel spielt man nicht, aus ähnlichem Grund wurde auch schon der Kasperl von der Bühne verbannt: So viel Anarchie verträgt aufgeklärte Vernunft nicht.

Die Neuberin, Mitstreiterin des hochgelehrten Dichters Johann Christoph Gottsched (1700–1766), Verfassers des *Versuch einer critischen Dichtkunst vor die Deutschen*, hat das versucht und wollte damit alle Lust an Gemeinheiten, Possen, Zoten und Kalauern aus dem Drama herausreißen, nachdem der Grazer Joseph Anton Stranitzky (1676–1726) so schön den legendären Hans Wurst geschaffen hat. Der Hans Wurst ist Sauschneider oder auf hochdeutsch Schweinekastrierer, aber auch den Hanswurst kann auf Dauer ebensowenig wie den Schurken keiner erschlagen, also geht der Kampf gegen Tod und Teufel, gegen Gendarmerie wie andere Vernunft doch wieder weiter.

»Aus der Bahn, aus der Bahn / Hinten hängt der Teufel dran!« schreien die Kinder auf ihren Schlitten. Den Schurken und Narren gehört die Welt, doch haben auch Schurken und Narren immer, selbst wenn sie nicht wollen, Anteil am Göttlichen, Mephisto so gut wie der Harlekin. Der Kinderschreck »Vitziputzli«, der volkstümlich für den Teufel steht, geht auf den Stammesgott der Azteken »Huitzilpochtli« zurück, Aguirre läßt grüßen.

IV. Jesus und der Zorn Gottes

Schwierig wird es nur, wenn unvermutet die Rollen gewechselt werden, zum Beispiel wenn John Malkovich plötzlich auf freundlich macht; das kaufen ihm die Zuschauer nicht ab. Sie wollen einfach den Psychopathen und teuflischen Verführer. »Frauen wollen mich haben, Männer mich töten«, sagt Malkovich, so ist das nun mal mit Archetypen; da wollen die Menschen sich nicht drausbringen lassen. Genauso verhängnisvoll ist es, wenn aus dem Bösewicht plötzlich ein Jesus wird.

Klaus Kinski hat sich darin versucht, leider nicht im Film, sondern im richtigen Leben – immer die verhängnisvollste Verwechslung, die einem Schauspieler passieren kann. Wenn es ganz dumm läuft, ist man am Ende Winnetou wie Pierre Brice und nach einhelliger Branchenmeinung der übelste aller Kollegen, das kommt von dem Guten. Kinski aber zieht in der Manier der Jesus People durch die Straßen und missioniert; aber auch wenn er Jesus ist, klingt es doch immer nach demselben Urtext: »Ich bin so wild! Duh! Duuuh! Ichhh binnn ssso wilt nachhh dainäm Errrdbärrrmuuuhnd – ichhh schrrriiie mirrr schon die Lipppän wuuuhnd nach dainäm waissän Laiiippp! Du Weippp!« Das Ganze als Evangelium und frohe Botschaft der Christenheit.

Und wehe, es sagt dann einer was, dann kann er aber was erleben. Das ist dann kein Jesus von Oberammergau, das ist eine ganz neue Interpretation der Jesus-Rolle. »Kommm herrraufff, dährr du so ein grosssäs Mauuul hast«, herrscht er den Besserwisser an, der meint, wissen zu müssen, daß Jesus ein Gütiger gewesen ist – von wegen: »Kommm herrraufff, dährr du so ein grosssäs Mauuul hast, damit ich dir in die Frässsä schlagen kann!« Nein, Jesus war kein Gütiger, er hat die Peitsche genommen und hat alle hinausgetrieben, »du blöde Sau«, sagt Jesus. Das kann nicht gutgehen.

Jesus braucht Herzog, damit Kinski Kinski werden kann. »Weil Klaus Kinski einem Wahngebilde Klaus Kinski hinterherjagte, konnte er nur in Wahnfiguren wie Fitzcarraldo wirklich werden. Werner Herzog hat als Filmautor und -regisseur Klaus Kinski ›erfunden‹, indem er ihm die Rollen und deren Wahn erfand, in denen Kinskis Selbstwahn sich verwirklichen konnte«, schreibt Gerhard Kaiser in *Fitzcarraldo Faust*. Wer von beiden der wahnsinnigere ist, Kinski oder Herzog, ist eine müßige Frage. Existentieller, wer wen erschießen wollte. Kinski hat mit einer Winchester auf eine Hütte gehalten, Herzog hätte die Indios ihren Mordplan ausführen lassen können – überlebt hatten vorderhand beide, zu sehr brauchten zwei Schurken einander.

Herzog setzt freilich noch eines drauf, denn was bei

Kinski expressiv herausgeschleudert wird, aber immer noch Schauspiel ist, ist bei Herzog berechnendes Kalkül mit dem Medium Film. Er nimmt sich ein »übergeordnetes Recht« heraus, nämlich ein Schiff tatsächlich über einen Hang ziehen zu lassen, tatsächlich die Kolonialisierung an Urbevölkerung und Natur nachvollziehend: als Wirklichkeit. Mit seiner Vision von Schiff und Oper will er die brutale Realität übersteigen, doch bleibt er selbst stets der noch brutalere. Sehr eng führt der Germanist Gerhard Kaiser die Parallele mit Goethes *Faust,* etwa wenn er in diesem Zusammenhang Mephisto zitiert: »Krieg, Handel und Piraterie, / Dreieinig sind sie, nicht zu trennen« (Vers 11187 f.). Die Worte der Seherin Manto über Faust in der Walpurgisnacht könnten auch an Fitzcarraldo gerichtet sein: »Den lieb ich, der Unmögliches begehrt« (Vers 7488).

Ständig fließt in der dampfenden Luft sowohl auf dem Brocken wie im Urwald der Schweiß, aber er fließt als das Signum der Unüberwindbarkeit; einmal muß der Stein oben bleiben, einmal muß die Tätigkeit des Sisyphos einen Sinn bekommen, und wenn auch dieser Sinn wiederum nur in einem Unsinn besteht. Mit ihrem Schiffstransfer, diesem großen »Symbol für die Verrücktheit des Menschen in seiner sinnlosen Zielstrebigkeit«, leisten Herzog wie Kinski, jeder auf seine Weise, einen Beitrag zur »Dämonologie des Zeitgeistes« (Kaiser) – nur mit dem Unterschied eben, daß Herzog es weiß.

Als es in München noch ein Kino namens »ABC« gab, das auch noch, Zufall oder nicht, an der Herzogstraße seinen Platz hatte, ging Herzog einmal in seinen eigenen Film *Auch Zwerge haben einmal klein angefangen.* »Den«, sagt Herzog zu seinen Begleitern im Kino, als einer der Zwerge in eine große Apotheose des Lachens verfällt am Ende des Films, »den hätte ich noch ewig lachen lassen können!«

V. Was aber ist nun des Teufels, des Schurken und des Bösen?

Ist der Teufel »ein Ausdruck des in den Labyrinthen der sozialen Zwänge verirrten Menschen«, wie Alfonso di Nola in *Der Teufel. Wesen. Wirkung. Geschichte* schreibt? Na schön. Für die Psychoanalyse, zumindest soweit sie Freud folgt, muß das denknotwendigerweise noch schlimmer ausgedeutet werden, nämlich mit der Lust an der Darmentleerung zusammenhängen. Insofern wäre ein Kurzfilm von Otto Muehl, in dem er sich nackt auf dem Gestell eines Kinderwagens mit dem Arsch in Richtung Kamera schiebt, scheißt, wobei seine Wurst einen Bauchaufschwung an der Achse des Kinderwagens macht, und sich darauf wieder in die Ecke des Raumes zurückschiebt, der teuflischste Schurkenfilm aller Zeiten.

Freuds Schüler Ernest Jones differenziert die Analtheorie etwas stärker. Für ihn ist »die Geschichte des Teufels die Geschichte der ureigenen Ängste und Beklemmungen der individuellen Psyche«. Wem auch das schon irgendwie bekannt vorkommt, soll gleich ins Kino gehen, jedoch nicht einen Mittelplatz in der Reihe einnehmen, falls Beklemmungen irgendwelcher Art überhandnehmen.

Lange vor Erfindung der bewegten Bilder gab es aber schon Gruppierungen, die davon überzeugt waren, daß der Teufel die Vorherrschaft über diese Welt innehabe und nicht Gott. Die »Reinen« nannten sie sich zum Beispiel, »Katharer«, welche sich später in den Albigensern des 12. Jahrhunderts organisierten. Nur rigorose Askese könne das Böse überwinden, meinten sie nicht nur, sondern wollten auch jeden dazu zwingen, jedoch sollten sich alle Fundis bewußt sein, daß die Albigenser komplett ausgerottet wurden – von den Christen.

Auch der Film von Otto Muehl wurde niedergemacht. Die Studenten, die ihn sich anschauten, brüllten noch während des kurzen Filmes unaufhörlich »Tom und Jerry«, weil sie lieber »Tom und Jerry« anschauen wollten, übrigens vorwiegend Mitglieder der revolutionären

Roten Zellen, die sich jeden Montagabend 1968 n. Chr. ins Filmforum der Ludwig-Maximilians-Universität zu München begaben.

VI. Wo bleibt das Positive?

Im Film hat der Schurke als Teufel sein permanentes Auftrittsrecht, und er bekommt viele Brüder: das Gespenst, den Zombie, also etwa Frankenstein oder den Golem, dann den Wolfsmann, die Leopardenmenschen, die Katzenfrauen, Rentierfrauen, den Vampir, Mumien, den Gorilla etc. – Martin Schlappner aus Zürich zählt sie alle in seinem Beitrag *Das Böse und der Film* auf. »Alle Kunst steht in ihrer Zeit und zeugt für sie«, schreibt er, »keine andere aber ist an Symbolträchtigkeit so einprägsam wie der Film.«

Unausgefochten wie alle großen Streitfragen der Wissenschaft bleibt im Kino allerdings die Frage nach der Wirkung durch die Darstellung des Bösen und Schurkischen. Arno Plack befürchtet in seiner Untersuchung *Die Gesellschaft und das Böse. Eine Kritik der herrschenden Moral* Schlimmes: »Den Grausamkeitscharakter unserer Kultur reflektiert auch das in ihr bevorzugte ›Kulturgut‹: der Kriminalroman und der Kriminalfilm. Die Begeisterung für Kriminalgeschichten ist nicht das harmlose Vergnügen, als das man sie gerne hinstellt.« Nach Plack formt die »kollektiv gehegte Leidenschaft«, also der Kriminalroman oder -film, »die Bereitschaft für gleichfalls kollektive Ausbrüche der Aggression«.

Martin Schlappner räumt ein, daß es mit dem Guten nicht gut aussieht im Film, zumindest nicht mit einem Guten, das zum Mythos gereicht. Der Detektiv im Kriminalfilm schafft das nicht, erst im Wildwestfilm gelingt dann der Durchbruch: »Echteren Ruch des Mutvollen und Robust-Männlichen atmet nichts als die einfache starke Männlichkeit der gewandten Reiter, die nur dann aus ihren Sätteln, von den vom Schaumglanz des Schweißes überflockten Leibern der Pferde steigen, wenn es gilt, den Schurken am Schanktisch mit harten, schnellen Fäusten zu traktieren.«

Es kommt aber noch besser. Schlappner macht vor dem Bösen keinesfalls schlapp, wenn er es einmal mit dem Guten hat: »Frei und stark, erfüllt vom Gefühl der Ungebundenheit sind diese Männer, deren Gesicht überschattet wird von dem breitkrempigen Hut und die die Hand stets bereit haben zum Lassowurf. Helden vom alten Schrot und Lasso, muskelpralle Männer sind es, junge Recken, die auf ihren weißen Pferden geradewegs ins Herz der Zuschauer und meistens auch einer schönen Jungfrau hineinreiten.« Man spürt förmlich den Rhythmus trappelnder Pferdehufe in der Syntax des Essayisten und wackeren Streiters um das Gute, doch er ist immer noch nicht am Ziel, längst nicht: »Gefahrtrotzende Burschen sind es, die ständig vom Bösen umlauert sind und denen daher die Pistole locker im Gürtel sitzt und die um eines jungen Weibes willen, um einer edlen Beschützertat oder auch ganz schlicht um des Gesetzes willen unerdenkliche Gefahren bestehen und in dröhnenden Verfolgungsritten ihre Bravour des Reitens und des Herzens beweisen. Personen und Konflikte, Räuberei und Heldentum sind schematisch, und mechanisch vollzieht sich die simplizistische Moral, deren Sieg immer gewiß ist.«

Gegen alle »besorgte Pädagogen« wendet Schlappner ein, daß der Kriminalfilm und auch der Wildwestfilm weder zum Verbrechen anrege noch gar dazu erziehe. Im Gegenteil, die Darstellung des Schurkischen habe seiner Ansicht nach psychohygienische Bedeutung – in einer regelrechten Apotheose kommt er am Schluß seiner Erörterungen bei Fellinis *Il bidone* an, in dem er die menschliche Existenz im Aufbrechen zur Gnade hin dargestellt sieht: »Das ist die künstlerische Antwort Fellinis auf die Frage nach dem Bösen in der Welt.«

Das Verborgene, Abgründige nicht leben, sondern spielen lassen, darum geht es, und wenn dieses Modell gelingt, darf man wieder an das Gute im Menschen glauben.

»Aber nur die verkommenste aller Künste, der Film,

darf den Versuch wagen, unseren Nachkommen zu sagen, daß auch wir Menschen gewesen sind«, schreibt Herbert Achternbusch auf die rückwärtige Umschlagseite seines Filmbuches *Der Neger Erwin*. In dem Film wird auf einmal der Filmemacher selbst zum Bösewicht, weil er nicht den »totalen Film« will. Also schiebt ihm Alois den Tisch in den Bauch, so daß er nicht aus kann. »Wollt ihr den totalen Film?« schreit Alois in die Wirtschaft, und alle grölen: »Ühäh!« Alois: »Wollt ihr den mörderischen Film?« Alle: »Ühäh!« Alois: »Wollt ihr den Film mit der totalen Aktion?« Alle: »Ühäh!« etc. Bei jedem »Ühäh!« wird der Tisch wieder in den Filmemacher gestoßen. Zu spät bemerkt eine Helga, daß er »ja schon hin« ist. Ein Arzt bestätigt's: »Tot durch Milzruptur.« Der Film endet damit, daß Susn, gespielt von Annamirl Bierbichler, auf einem Nilpferd durch Bayern reitet: »Es geht weiter.«

KLAUS DIMMLER

Bilder der Zeit – Dr. Mabuse und seine Nachfolger

Am 27. April 1922 hatte in Berlin ein Film Premiere, der bereits im Titel anzeigte, die Epoche auf den Punkt bringen zu wollen: *Dr. Mabuse, der Spieler. Teil 1: Der große Spieler – Ein Bild der Zeit.* (Der zweite Teil, *Inferno, ein Spiel von Menschen unserer Zeit*, sollte einen Monat später, am 26. Mai, zum ersten Mal aufgeführt werden.) Norbert Jacques, der Verfasser der Vorlage für das Drehbuch, einem Fortsetzungsroman, der in der *Berliner Illustrierten Zeitung* von September 1921 bis Februar 1922 erschienen war, schrieb später, er sei auf einer Dampferfahrt nach Konstanz durch den Anblick eines Mannes zu seiner Geschichte inspiriert worden. Er konnte seinen Blick nicht von ihm abwenden und: »Ich steigerte mich so weit, daß ich mir vorredete, die Säfte der Zeit hätten sich in dem Gesicht ausgegoren, ja in diesem Kopf habe die Zeit zwischen Leidenschaft und Kälte, zwischen Erdhaftigem und mißachtender Selbstischkeit ein Bildnis ihrer selbst gezeichnet.« Nach der Fahrt verschwand der Mann, aber Dr. Mabuse war geboren, als Inbild einer Zeit, die von Kriegswunden, Lebensgier und tiefster Unsicherheit geprägt war.

Mabuse ist Kopf einer international agierenden Verbrecherorganisation, die einen Staat jenseits des Staates bildet. Es gibt kein Verbrechen, das nicht von ihr begangen wird. Doch Mabuses liebster Ort ist der Spieltisch. »Spiel« ist das Losungswort des Zeitalters, und Mabuse ist ein Meister darin, mit den Karten und – mit Menschenschicksalen zu spielen. Alle sollen seine Marionetten sein. Dafür schlüpft er in viele Masken, spielt bravourös verschiedene Rollen und läßt die Menschen für sich tanzen. Mabuse hypnotisiert sie und läßt sie seinen Willen ausführen. Seine andere große Leidenschaft ist das Sammeln von Geld, das Zusammenraffen von Geld. Die Börsenmanipulation gehört zu seinen bevorzugten Geschäften. Sie ist das größte Spiel von allen, eines von den »heiligen Spielen«, die erfunden werden mußten, so Nietzsche, um den Tod Gottes zu überspielen. Alles soll deshalb Sensation und Spiel sein.

Der Film endet mit einem wahnsinnig gewordenen Mabuse, der inmitten falscher Banknoten aufgefunden wird. Niemand, wie es heißt, konnte ihn richten, er war nur durch sich selbst gefährdet. Aber Mabuse stirbt nicht wirklich. Fritz Lang dreht 1932/33 als Fortsetzung *Das Testament des Dr. Mabuse* und 1960 schließlich *Die 1000 Augen des Dr. Mabuse*. Doch am Ende ist Mabuse nichts anderes mehr als ein billiges Nachtgespenst, eine Karikatur. Mehrere Mabuse-Filme im Fahrwasser der Edgar-Wallace-Welle sollten noch folgen, aber die hypertrophen Schurken waren nun andere: zum Beispiel James Bonds

Gegenspieler Dr. No, Blofeld, Goldfinger etc. Sie übernehmen Mabuses Mission, die ganze Welt als ihre Spielwiese zu behandeln. Sie alle wirken jedoch irreal. Die wahren Nachfolger Mabuses auf der Leinwand sind wohl eher die Herren des organisierten Verbrechens, die Mafia-Paten oder Gangsterbosse amerikanischer Prägung. Nicht mehr die ganze Welt ist ihr Herrschaftsbereich, sondern ihr Bezirk, ihr Revier, ihre Stadt, die sie unter rein kommerziellen Gesichtspunkten ausbeuten.

Vielleicht hat aber auch der Killer und Serienmörder Mabuses Erbe angetreten. George Orwell weist in seinem Essay *Raffles und Miss Blandish* auf die zunehmende Beliebtheit von Geschichten hin mit vielen Leichen und viel Blut, mit Sadismen und Perversionen aller Art. In *No Orchids for Miss Blandish* von James Hadley Chase von 1939 gelte »die totale Korruption und Selbstsucht für die selbstverständliche Norm menschlichen Verhaltens«. Detektiv und Gangster seien kaum zu unterscheiden. Alle streben einzig nach Geld und Macht. Und solange er erfolgreich ist, wird in Amerika der Desperado und Verbrecher sogar bewundert. Deshalb sind nicht mehr Figuren wie Robin Hood, Popeye etc. gefragt, Helden, die gegen Überlegene kämpfen. Der fundamentale Mythos der modernen, westlichen Welt sei vielmehr »Jack der Riesenmörder«. Jack the Ripper und Hannibal Lecter als Modell!

Zu bedenken bleibt: Spiel, Geld und Verbrechen sind die drei Elemente von Mabuses Handeln. Wenn das Spiel und das Geld ins Zentrum der Gesellschaft rücken, dann ist Mabuse kaum noch obskur und gefährlich. Folgerichtig ist in dem Bond-Abenteuer *Der Morgen stirbt nie* der Schurke ein weltweit agierender Medienmann, der einen Krieg mit China anzetteln will, um einerseits die Auflage, die Quote zu steigern, andererseits eine neue Führung in Peking zu installieren, die ihm Senderechte zugesteht. Der Dunkelmann muß sich jetzt nicht mehr maskieren, er steht im Rampenlicht und wird freundlich beklatscht. So wie es auch dem bewunderten Gordon Gekko ergeht, dem von Michael Douglas gespielten Börsenhai aus Oli-

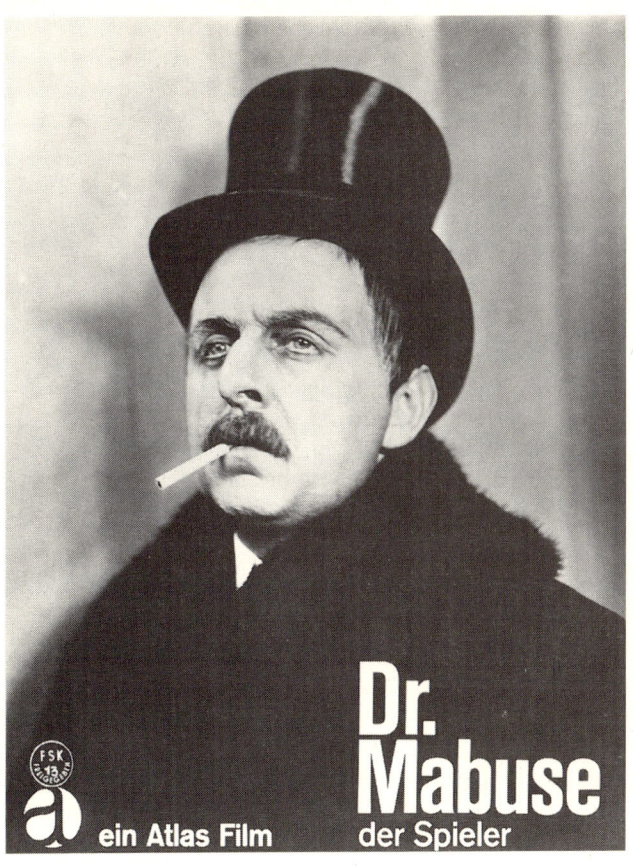

Dr. Mabuse – Der Spieler (1. Teil)
Stummfilm
Rudolf Klein-Rogge

ver Stones *Wall Street*. Mabuse ist heute also wohl eher jemand wie Jim Profit (oder gar ein ununterbrochen
lächelnder, ewiger Jüngling à la Bill Gates?), stets freundlich und zuvorkommend, sich kommunikativ und medial
gekonnt präsentierend, um immer zu vermitteln, daß er
nur unser Bestes will. Mabuse mußte noch hypnotisie-
ren, die wahre Kunst benötigt solche Mittel nicht. Sie
liegt darin, daß wir aus freien Stücken an das Gute glauben.

*Dr. Mabuse, der Spieler. Teil 1: Der große Spieler – Ein Bild der
Zeit. Teil 2: Inferno, ein Spiel von Menschen unserer Zeit*
Deutschland 1921/22; R (Regie): Fritz Lang; Db (Dreh-
buch): Thea von Harbou; D (Darsteller): Rudolf Klein-
Rogge (Dr. Mabuse), Aud Egede Nissen (Cara Carozza),
Gertrude Welcker (Gräfin Told), Alfred Abel (Graf Told),
Bernhard Goetzke (Staatsanwalt Wenk).

Das Testament des Dr. Mabuse
Deutschland 1932/33; R: Fritz Lang; Db: Thea von Har-
bou; D: Rudolf Klein-Rogge (Dr. Mabuse), Oskar Beregi
(Prof. Baum), Karl Meixner (Hofmeister), Theodor Loos
(Dr. Kramm), Otto Wernicke (Kriminalkommissar Loh-
mann).

Die 1000 Augen des Dr. Mabuse
BRD 1960; R: Fritz Lang; Db: Fritz Lang, Heinz Oskar
Wuttig; D: Dawn Addams (Marion Menil), Peter von Eyck
(Henry B. Travers), Wolfgang Preiss (Dr. Jordan/Corne-
lius), Gert Fröbe (Kriminalkommissar Kras).

GUDRUN SCHURY

Just for jolly ... Jack the Ripper

Er tat es mit links. Und kalt, sagt man. Viel kälter als die
Eingeweide, die er, noch dampfend, in den zugigen
Kreißsälen der Elendsquartiere ans Licht zog. Blutige Ge-
burten waren das. Die von ihm zutage Gebrachten hie-
ßen »Schönste der Lebern«, »Süße Niere«, »Filet von der
Brust« oder »Gebärmütterchen«.

Dies alles aber war Documenta von unten. Nicht im Ate-
lier entstand der Mythos RIPPER, sondern mitten im Leben, zwischen schmutzigen Treppenaufgängen, bepißten
Mauerecken und vor sich hin gammelnden Zaunlatten –
eine Kunst mitten im Volk und für das Volk, mit populären
Titeln wie *The butchered Ladycorpse*. George Bernard Shaw
würdigte den Kollegen: »Während wir konventionellen
Sozialdemokraten unsere Zeit auf Erziehung, Agitation
und Organisation vergeudeten, hat ein unabhängiges Genie die Sache in die Hand genommen.«

Es gibt viele Werke, welche die Kunsthistoriker dem in
nur kurzer Schaffensperiode unter Pseudonym auftretenden Freigeist zuschrieben. Letztlich sind aber bloß fünf
der fraglichen Arbeiten übriggeblieben, die ihm zweifels-
frei zugeordnet werden können: Polly Nichols, aufgefunden am 31. 8. 1888 um 3.45 Uhr auf der Buck's Row in
Whitechapel; Annie Chapman, 8. 9. 1888, 6 Uhr, Hanbury
Street in Spitalfields; Elizabeth Stride, 30. 9. 1888, 1 Uhr,
Berner Street in Whitechapel; Catherine Eddowes, ebenfalls 30. 9. 1888, 1.45 Uhr, Mitre Square in Aldgate; Mary
Kelly, 9. 11. 1888, 10.45 Uhr, Miller's Court in Spitalfields.

Er war ein Künstler, der seine Objekte mit großer Krea-
tivität gestaltete. Die Kehle, so eine zeitgenössische Kritik,
Mary Kellys ist mit einem Messer so durchschnitten worden, daß der Kopf fast vollständig vom Körper getrennt
wurde. Die Bauchhöhle ist teilweise aufgeschlitzt, und
beide Brüste sind entfernt, die Arme mit zahlreichen

27

zackigen Wunden versehen. Die Nase ist abgeschnitten, die Stirn gehäutet, das Gesicht zur Unkenntlichkeit zerhackt, wobei Teile der Wangen, Augen und Augenbrauen fehlen. Die Oberschenkel sind bis auf die Knochen vom Fleisch entblößt. Die Eingeweide sind rund um die Leiche drapiert: eine Brust, Uterus und Nieren unter dem Kopf, die andere Brust am rechten Bein, die Leber zwischen den Füßen, die Gedärme rechts und die Milz links vom Körper. Das Fleisch von den Oberschenkeln und Waden wurde vom Künstler zusammen mit der Nase auf dem Nachtkästchen arrangiert, das Herz für eine spätere Verwendung beiseite geschafft, schließlich eine Hand der Leiche in die aufgebrochene Magengrube gesteckt.

Kein großer Aktionsradius, nein, konsequent konzentriert sich Ausweider-Jack auf einen wenige Quadratmeilen messenden Londoner Bezirk im East End. Kein künstlich in die Länge gezogener intellektueller Prozeß; in zehn Wochen ist die Performance installiert. Die Auswahl der Aktionstage und -zeiten folgt einer klaren Ordnung: Freitag, Samstag, Sonntag, Sonntag, Freitag, from dusk till dawn. Strenger Stilwille herrscht auch bei den Exponaten selbst, die alle ein und derselben vielfrequentierten Berufsgruppe angehören. »Not so pretty Polly« ist 42 Jahre alt, fünffache Mutter, getrennt lebend, obdachlos, vorbestraft, Alkoholikerin, Hure. »Dark Annie«, 45, dreifache Mutter, vegetiert allein auf der Straße, todkrank, ginabhängig, als Nutte. »Long Liz«, 42, hatte vermutlich zwischen zwei und neun Geburten, Witwe, trunksüchtig, prostituiert sich. »Kate«, 46jährige Dirne mit drei Kindern, Säuferin, kommt gerade von der Ausnüchterungszelle, will sich noch schnell etwas verdienen mit einem »Fourpenny Kneetrencher«, dem billigen Sex im Stehen an der nächsten Mauer. Ihre Wangen sind am Ende der Veranstaltung durch zwei herausgeschnittene Triangel markiert. Und dann ist da das ambitionierteste Projekt. 25 ist sie erst, Witwe und hübsch, manchmal betrunken, geht zwar auf den Strich, hat aber 12 Quadratmeter in einer Absteige für sich: Mary Kelly. Ihr Quartier mit dem schäbigen, blutgetränkten Bett und dem dekorierten Nachtkästchen wird aufregendster Teil der Documenta werden.

Nicht etwa, daß Jack sich wie einer jener Bohemiens gegeben hätte. Well-dressed to kill war er; einer der wenigen, die angeben, ihn zu Gesicht bekommen zu haben, präzisiert: Kragen und Aufschläge persianerbesetzt, weiße Knöpfe an den Gamaschen, dicke, goldene Uhrkette, ein gepflegtes, an den Enden nach oben gezwirbeltes Schnurrbärtchen, das 35jährige, schwarze Haar glänzend gescheitelt.

Nun dürfte sich herumgesprochen haben, daß *Jack the Ripper* eigentlich der Name einer Künstlergruppe ist, um deren Mitglieder wilde Spekulationen zirkulieren. (Bis zu 150 Namen wurden von den Interpreten ins Spiel gebracht.) Wer steckt hinter dem Pseudonym? Montague John Druitt? George Chapman? James Maybrick? Sir William Gull? James Kenneth Stephen? His Royal Highness Prince Albert Victor, Duke of Clarence and Avondale, genannt Eddy, Enkel Königin Victorias und ältester Sohn König Edwards VII. und damit potentieller Thronfolger? Einige der Genannten zusammen?

Die Internationale Vereinigung der Ripperologen hat immer wieder enormen Aufwand betrieben, um die Identität des Leichenschöpfers zu erhellen. Immerhin hinterließ ihnen der scheue Artist zwei schriftliche Dokumente. Ihnen entnehmen wir seinen Künstlernamen und folgende Ankündigung: »I shan't stop ripping them ... Grand work, the last job was. [...] I love my work and want to start again. You will soon hear of me and my funny little games. The next job I do I shall clip the ladys ears off and send them to the police, just for jolly ... Jack the Ripper.« Mehr ist nicht zu erfahren, und schließlich hängt der Ruhm des großen Gestalters auch mit dem undurchdringlichen Geheimnis zusammen, das bis heute um seine Existenz herrscht. Kein Wunder, daß sich zahlreiche Filmschaffende mit Leben und Werk des mysteriösen Schlitzkünstlers beschäftigten.

Am 13. November 1924 hatte der schwarzweiße Stumm-film *Das Wachsfigurenkabinett* von Paul Leni Premiere. Die Creme der deutschen Heldenschauspieler gab sich ein Stelldichein im Horrorkabinett: Emil Jannings als Harun al Raschid, Conrad Veidt als Iwan der Schreckliche, Wilhelm Dieterle als Rinaldo Rinaldini und Werner Krauß als Jack the Ripper. Die expressionistische Ästhetik des Films spielt mit der vagen Atmosphäre zwischen Traum und Wachen, zwischen Trug und Wirklichkeit. In der dritten Episode verfolgt den jungen Dichter mit seiner Geliebten (und verfolgt uns Zuschauer) ein Stecher-Alp durch lange Gänge, im Halbdunkel liegende Winkel und tiefe Mauer-schatten.

Nur zwei Jahre später entdeckt ein junger Regisseur die Geschichte vom mörderischen Londoner in einem Bestseller von Marie Belloc-Lowndes für den dritten Film seiner Karriere. In *The Lodger* geht es um eine gutbürgerliche Familie, die erst allmählich ahnt, daß ihr Untermieter anscheinend junge Mädchen erwürgt. Berühmt wurde die durch eine Glasscheibe hindurch gedrehte Einstellung von den Schuhsohlen des Lodgers, der über den Köpfen seiner beunruhigten Vermieter hin und her läuft. Neben dem britischen Star Ivor Novello spielen die Hauptrollen in diesem veritablen Thriller, dessen Tempo schon die Zeitgenossen in Atem hielt, der Londoner Nebel und die Cockneys, die in ihm verschwinden. Zur Beruhigung des Publikums stellt sich allerdings am Schluß heraus, daß der Mieter unschuldig ist. Verdacht und Vorverurteilung haben die Blicke getrübt, wir müssen uns mit der moralischen Doppelbödigkeit unserer Eindrücke abfinden. Schöpfer des frühen Klassikers: Alfred Hitchcock. Erwürgen ist freilich nicht sonderlich blutig, und so blieb es einem Film der Schwarzen Serie vorbehalten, einen zweiten *Lodger* auf die Leinwand zu bringen, der nun tatsächlich einen Aufschlitzer zum Thema hat. 1944 inszenierte John Brahm für die 20th Century Fox das Mieterdrama.

Daß Jack the Ripper eine ideale Gänsehaut-Figur für den

Film war, machten schon Theaterauftritte klar. In seiner *Büchse der Pandora* ließ Frank Wedekind ihn erscheinen, ja, er selbst gab den Ripper höchst eindrücklich auf der Bühne. Das Drama der Lulu, die, nachdem sie die Männer verrückt gemacht hatte, am Ende ihrem Schlächter Jack die Tür öffnet, wurde 1928 von Georg Wilhelm Pabst verfilmt. Louise Brooks ist eine kindlich-kokette Lulu mit Bubikopf, der Ripper ein unausweichlicher Schatten, nur vom Blitzen des Mordmessers erhellt; er macht sich nach vollendeter Tat als Hut mit Mantel in den Nebel davon.

Natürlich mußte auch Amerika den Stoff entdecken. Gab es ein gruseligeres Sujet als einen englischen Killer mit sexualpathologischem Hintergrund? Wer gesehen hat, wie Godard in *Le mépris* Jack Palance als skrupellosen Produzenten Jeremy Prokosch einsetzt, indem er auf dessen Schurkenmythos aufbaut, kann ihn sich vielleicht als Schlitzer der 50er Jahre imaginieren. In *Man in the Attic* verhilft Jack »the Ripper« Palance dem Schocker zu einem so diabolischen wie psychologisch interessanten Helden in einem von Amerika aus betrachtet typisch viktorianisch-düsteren London. Noch mehr als Palance war ein anderer Schauspieler auf Gruselfiguren abonniert, und also gehörte auch der Ripper zu seinem Repertoire (nein, es ist nicht die Rede von Klaus Kinski, der – zugegeben – auch mal zulangte: 1976 als *Der Dirnenmörder von London*). Boris Karloff verkörperte ihn im ersten TV-Film, der das Thema zum Titel machte: *Jack the Ripper* wurde von Hal Roach 1958 produziert. In bewährter Manier bedient man sich der Assoziationen, die man mit dem Namen Karloff verbindet.

Ganz und gar ungeheuerlich aber wird es, wenn die Deutschen sich des Stoffs annehmen. Wer erinnert sich nicht der Edgar-Wallace-Filme, die schwarzweiß und brav die bundesrepublikanischen Straßen fegten! Einer von ihnen ist *Das Ungeheuer von London-City*, produziert von Artur Brauner. Alles, was dem damaligen Fernsehzuschauer an Stars so einfiel, war vertreten: Hansjörg Felmy, Marianne Koch, Dietmar Schönherr, Peer Schmidt, Kai

Fischer. Versteht sich, daß man wegen der Dirnenmorde im Milieu von *Jack-the-Ripper*-Aufführungen mehr lachte als zitterte. Das änderte sich in den 70ern. Sowohl *Hands of the Ripper* als auch *Murder by Decree* bekamen von den Gutachtern Klassifizierungen als gewalthaltige Filme. Der erstere, eine der legendären Hammer-Productions, erfindet dem Schlitzer eine Tochter und ihr wiederum sowohl eine freudianische Vaterobsession als auch einen hilfsbereiten Psychoanalytiker, der ihr natürlich selbst zum Opfer fällt. Der zweite hat da schon einen interessanteren Plot, denn es gesellen sich dem Killer die alten Bekannten Sherlock Holmes und Dr. Watson. Hier zum ersten Mal tritt auch eine der Thesen in Erscheinung, welche einige Ripperologen aufgestellt haben: In Wirklichkeit handelt es sich beim Schlitzer um eine Bande, die im Auftrag höchster Regierungskreise tötet, damit das uneheliche Kind des damaligen Thronfolgers vertuscht werde. Aus Staatsräson kommen die Schuldigen ungeschoren davon. Hervorragend ist die Besetzung des spannenden Thrillers mit Christopher Plummer als Holmes, James Mason als Dr. Watson sowie David Hemmings, Donald Sutherland, John Gielgud und Geneviève Bujold.

Immer mehr interessierte man sich nun für die historischen Hintergründe. Den Höhepunkt der dokumentarisch gestützten Darstellungen bildet zweifellos die englische Produktion *Jack the Ripper*, genau hundert Jahre nach den grausamen Geschehnissen entstanden. In insgesamt 187 Minuten rollt Michael Caine als alkoholkranker Scotland-Yard-Inspektor Abberline den Fall auf und kommt zu dem Schluß, die Ripper-Morde seien dem königlichen Leibarzt zuzuschreiben. Buch, Besetzung, Kamera und Ausstattung dieses Fernsehfilms lassen etliche der früheren Ripper-Adaptionen geradezu blaß aussehen.

Apropos Fernsehen: Wer in den frühen 70ern regelmäßig vor dem nußbaumfurnierten Gehäuse saß (sehr viel Auswahl gab's ja nicht), der hat möglicherweise folgendes gesehen: Während einer Mission auf Argelius II passiert ein Mord. Der durch Indizien belastete Scotty ist der erste

Offizier der Sternenflotte, den man dieses Verbrechens an-
klagt. Am Ende wird jedoch der wahre Schuldige gefunden: Es ist der erdentrückte Geist von Jack the Ripper, der
in Wirklichkeit eine alte, Redjac genannte Lebensform ist.
Wolf in the Fold hieß diese, die 43. Episode von *Star Trek*.

Das schönste Denkmal aber erhielt unser ambitionier-
ter Künstler von Stanley Kubrick. In seinem *Dr. Strangelove, or How I Learned to Stop Worrying and Love the Bomb* hat
der wahnsinnige General in seiner Kommandozentrale
ein wunderbar poliertes Namensschild vor seinem Platz
stehen: »Brigadier General Jack D. Ripper«.

Erwähnte Filme, chronologisch:

Das Wachsfigurenkabinett
Deutschland 1924; R: Paul Leni; Db: Henrik Galeen;
D: Emil Jannings, Conrad Veidt, Wilhelm Dieterle, Wer-
ner Krauß.

Der Mieter
(The Lodger. A Story Of The London Fog)
GB 1926; R: Alfred Hitchcock; Db: Alfred Hitchcock, Eliot
Stannard; D: Ivor Novello (Jonathan Drew, der Mieter),
Malcolm Keen (Joe Betts, der Detektiv).

Die Büchse der Pandora
Deutschland 1928/29; R: Georg Wilhelm Pabst; Db: La-
dislaus Vajda; D: Louise Brooks (Lulu), Fritz Kortner
(Dr. Schön), Gustav Diessl (Jack the Ripper).

Scotland Yard greift ein
(The Lodger)
USA 1944; R: John Brahm; Db: Barré Lyndon; D: Laird
Cregar (The Lodger), Merle Oberon (Kitty), George San-
ders (John Garrick).

Der unheimliche Untermieter
(Man In The Attic)
USA 1953; R: Hugo Fregonese; Db: Robert Presnell jr.,
Barré Lyndon; D: Jack Palance (Slade), Constance Smith
(Lily Bonner), Frances Bavier (Helen Harley).

Jack the Ripper
USA 1958; R: David MacDonald; Db: Michael Plant;
D: Boris Karloff, Niall MacGinnis, Dorothy Allison.

Dr. Seltsam oder Wie ich lernte, die Bombe zu lieben
(Dr. Strangelove, Or How I Learned To Stop Worrying
And Love The Bomb)
GB 1962/64; R: Stanley Kubrick; Db: Stanley Kubrick, Pe-
ter George, Terry Southern; D: Peter Sellers (Capt. Lionel
Mandrake / Präsident Merkin Muffley / Dr. Strangelove),
George C. Scott (Gen. »Buck« Turgidson), Sterling Hay-
den (Gen. Jack D. Ripper).

Das Ungeheuer von London-City
BRD 1964; R: Edwin Zbonek; Db: Robert A. Stemmle
(nach Edgar Wallace); D: Hansjörg Felmy (Richard Sand),
Marianne Koch (Ann Morley), Dietmar Schönherr
(Dr. Morel Greely).

Raumschiff Enterprise, Episode 37: Der Wolf im Schafspelz
(Star Trek, Episode 43: Wolf In The Fold)
USA 1967; R: Joseph Pevney; Db: Robert Bloch; D: Wil-
liam Shatner (Capt. James T. Kirk), Leonard Nimoy
(Mr. Spock), DeForest Kelley (Dr. McCoy), James Doo-
han (Scotty), Nichelle Nichols (Lt. Uhura), George Takei
(Lt. Sulu), Walter Koenig (Pavel Chekov).

Hände voller Blut
(Hands Of The Ripper)
GB 1971; R: Peter Sasdy; Db: L. W. Davidson; D: Eric Por-
ter (Dr. John Pritchard), Angharad Rees (Anna), Jane
Merrow (Laura).

Jack the Ripper – Der Dirnenmörder von London
BRD/Schweiz 1976; R: Jess Franco; Db: Jess Franco;
D: Klaus Kinski, Josephine Chaplin.

Mord an der Themse
(Murder By Decree)
Kanada/GB 1978; R: Bob Clark; Db: John Hopkins;
D: Christopher Plummer (Sherlock Holmes), James Mason

(Dr. Watson), David Hemmings (Inspector Foxborough), John Gielgud (Premierminister), Donald Sutherland (Robert Lees), Geneviève Bujold (Annie Crook).

Jack the Ripper – Das Ungeheuer von London
(Jack the Ripper)
GB 1988; R: David Wickes; Db: Derek Marlowe, David Wickes; D: Michael Caine (Inspector Abberline), Jane Seymour (Emma Prentice), Armand Assante (Richard Mansfield).

FRANK SCHÄFER

Das Böse in Reinkultur – Dr. Jekyll und Mr. Hyde

Erster Auftritt Mr. Hyde: »Ganz urplötzlich sah ich zwei Gestalten: die eine ein kleiner Mann, der hastigen Schritts Richtung Osten einherstapfte, und die andere ein Mädchen von vielleicht acht oder zehn, die so schnell sie konnte eine Querstraße runterrannte. Na, Mannomann, natürlich knallten die beiden an der Ecke zusammen; und dann kam das scheußliche End von der Geschichte; denn der Mann, der ist ganz seelenruhig über den Körper von dem Kind hinweggetrampelt und ließ es kreischend am Boden liegen. Das hört sich nach gar nichts an, aber anzusehen war's höllisch. Das war nicht wie ein Mensch; das war wie so ein verdammter Juggernaut.«

Der Binnenerzähler, der diesen Vorfall seinem Verwandten, dem biederen Advokaten Utterson, erzählt, einem der Protagonisten in Robert Louis Stevensons Kriminal-, Schauer- und nicht zuletzt frühem Drogenroman *Der befremdliche Fall von Dr. Jekyll und Mr. Hyde*, stellt das nachgerade alttestamentarische Untier und läßt ihn für seine Tat bezahlen, und zwar in klingender Münze. Aber ein Geheimnis bleibt da doch – kein Wunder, wir befinden uns schließlich erst auf der vierten Seite des Buches: »Er war absolut kalt und leistete keinen Widerstand, verpaßte mir aber einen Blick, so abscheulich, daß mir der kalte Schweiß nur so runterlief.« Und nicht nur das. Die hinzugeeilten Angehörigen und Schaulustigen überkommt bei seinem Anblick sogleich die reine Mordlust: »Nie hab ich so einen Kreis haßerfüllter Gesichter zu sehen gekriegt; und dieser Mann stand da mittendrin, mit so einer Art schwarzer, hohnlachender Kälte – wohl auch erschreckt, soviel konnt ich sehen –, aber mit einer Kaltschnäuzigkeit, mein lieber Mann, echt wie Satan persönlich.«

Dann, immerhin dreißig Seiten später, Dr. Jekylls erster Auftritt. Er ist »ein großer wohlgebauter, glattgesichtiger Mann in den Fünfzigern, vielleicht mit einem Anflug von Hinterlist in seiner Miene, aber doch auch allen Anzeichen von Charakter und Güte«. Man sollte ja nicht glauben, daß diese beiden Personen eigentlich ein und dieselbe sind, obschon dieser »Anflug von Hinterlist in seiner Miene« natürlich die nachfolgende Enthüllung vorwegnimmt – Stevenson hat sein erzählerisches Material eben im Griff. Man sollte nun aber auch nicht glauben, daß es noch irgend jemanden gibt, der von dieser Personalunion nicht weiß. Die Geschichte vom einerseits sinnenfrohen, wenn nicht lüderlichen, andererseits ehrenwerten und gesellschaftlich hochgeachteten Wissenschaftler, der sich schon früh »einer tiefverankerten Doppelung der Existenz hingegeben fand« und der schließlich zu der Erkenntnis vordringt, »daß der Mensch in Wahrheit nicht eins, sondern in Wahrheit zwei ist«, nämlich gut und böse; die Geschichte von jenem hybriden Wissenschaftler, der die göttliche Schöpfung herausfordert und das Untier im Menschen aus seiner Umklammerung durch die domestizierende Vernunft befreit und ganz zu sich kommen läßt, noch dazu qua Drogeninduktion – diese

Geschichte gehört, auch wenn die wenigsten den Roman wirklich gelesen haben, mittlerweile zum kollektiven Wissen abendländischer Kultur (das klingt ein bißchen vollmundig, scheint mir aber wirklich so zu sein).

Natürlich ist dies eine Allegorie auf den ewigen Kampf zwischen dem Guten und Bösen und in der Struktur – wie alle Allegorien – etwas platt schematisch und allzu modellhaft, obwohl die Dramatis personae dann wiederum lebensprall gezeichnet sind und selbst noch so ein unirdisches Monster wie Edward Hyde, »das Böse in Reinkultur«, hübsch authentisch anmutet. Und natürlich ist diese Polarisierung, diese Zweiteilung des Ichs im Grunde vorpsychologisch. Der Roman stammt eben noch aus einem präfreudianischen Zeitalter – und Dr. Jekyll sieht ja auch durchaus ein, daß er gerade mal am Anfang steht: »Ich sage zwei, weil der Stand meines eigenen Wissens über diesen Punkt nicht hinausgelangt ist. Andere werden mir nachfolgen, andere werden mich auf diesen selben Gleisen überholen; und ich wage die Voraussage, daß man im Menschen schließlich eine bloße äußere Verfaßtheit einer Fülle mannigfaltiger, widersprüchlicher und unabhängiger Einwohner erkennen wird.« Das weist doch schon erheblich über die Erzählung hinaus – in die Zukunft.

Aber man kann sie eben auch und gerade wegen ihrer ideellen Zeitgenossenschaft lesen, eben wegen der im Bernstein der Kunst eingeschlossenen Ansichten und Meinungen des späten 19. Jahrhunderts. Mit anderen Worten, wenn man schon einmal, und zwar ausdrücklich, das Böse schlechthin präsentiert bekommt, dann wird man doch wohl mal fragen dürfen, welche Vorstellung die Epoche sich davon macht, also mit welchen Attributen, Merkmalen und Signaturen sie das »Böse in Reinkultur« ausstaffiert. Wobei man natürlich im Auge behalten muß, daß die gesuchte Communis opinio hier gebrochen wird durch das individuelle Temperament Stevensons, das sich ja möglicherweise erheblich vom ethischen Normalnull seiner Epoche unterscheiden kann.

Daß es so aber nicht gewesen sein kann, daß Stevenson vielmehr den Nerv seiner Zeit traf und folglich an gängigen Vorstellungen und Diskursen partizipierte, dafür spricht der grandiose Verkaufserfolg des Romans – innerhalb eines halben Jahres wurden immerhin 40 000 Exemplare abgesetzt.

Und wenn die Leser es nicht schon vorher wußten, dann hat ihnen Stevenson doch jedenfalls suggestiv vor Augen geführt, wie man sich den Teufel in Menschengestalt vorzustellen habe: »Mr. Hyde war blaß und zwergisch. Er hinterließ einen Eindruck von Verwachsenheit, ohne daß irgendeine bestimmte Mißbildung namhaft zu machen war, er hatte ein mißfälliges Lächeln, er hatte sich dem Advokaten gegenüber mit einer Art mörderischer Mischung aus Furchtsamkeit und Kühlheit aufgeführt, und er sprach mit einer krächzenden, flüsternden und irgendwie gebrochenen Stimme; das alles waren Punkte, welche gegen ihn in Anschlag zu bringen waren, aber sie alle zusammen konnten doch nicht diesen ihm bis dato unbekannten Ekel, Widerwillen und Schrecken erklären, mit welchem Mr. Utterson ihn betrachtete. ›Da muß noch was anderes sein‹, sagte der perplexe Gentleman. ›Da *ist* noch was anderes, wenn ich doch bloß einen Ausdruck dafür finden könnte. Der Herr steh mir bei, dieser Mann scheint kaum den Menschen anzugehören! Scheint eher was Höhlenmenschenhaftes an sich zu haben, kann man's so sagen? … oder ist es bloß die schiere Ausstrahlung einer verderbten Seele, die solchermaßen ihre irdene Hülle durchdringt und umgestaltet? Letzteres, denk ich; denn O mein armer alter Harry Jekyll, wenn ich jemals die Signatur Satans einem Gesichte eingeschrieben gesehen hab, dann demjenigen deines neuen Freundes.‹«

Hier bündelt Stevenson einmal all die Merkmale und Etiketten, die über den Text verstreut sind und immer mal wieder, möglicherweise mit kalkulierter Redundanz, aufgerufen werden. Hyde ist häßlich und mißgebildet, mit dieser Kennzeichnung beginnt der Passus, und so endet er auch. Erstaunlicherweise und eigentlich im Widerspruch dazu erscheint er Utterson gleichzeitig amorph. Er bemerkt eine »Verwachsenheit«, die nicht wirklich »namhaft zu machen« ist. Als später dann ein Steckbrief von ihm erstellt werden soll, weil er des Mordes an einem angesehenen Londoner Bürger überführt ist, schlägt das ebenfalls fehl. Denn »die wenigen, die ihn beschreiben konnten, widersprachen sich weidlich, wie es durchschnittliche Beobachter immer tun. Nur in einer Hinsicht stimmten sie überein; und das war das quälende Gefühl von einer unausgedrückten Mißbildung, mit welcher der Flüchtige einen nachhaltigen Eindruck bei den Augenzeugen hinterlassen hatte.« Jekyll selbst erklärt diese gleichsam unbewußte, instinktive Animosität am Ende, in seiner Beichte, damit, »daß alle menschlichen Wesen, wie sie uns begegnen, aus Gut und aus Böse zusammengesetzt sind« und Edward Hyde »als einziger in den Reihen der Menschen« ausschließlich böse war.

Keiner kann sagen, was Hydes Häßlichkeit eigentlich ausmacht. Das ist unheimlich, geheimnisvoll, da spukt's ein bißchen nach *gothic novel*, aber um so merkwürdiger erscheint doch dann, und um so fataler auch, daß diese Mißgestalt eindeutig als Ausdruck, als »Signatur« seiner moralischen Verwerflichkeit erkannt werden kann. Fatal insofern, als wir hier nämlich schon wieder mittendrin sind in der Physiognomik-Lehre eines Johann Kaspar Lavater, der hundert Jahre zuvor die charakterliche Disposition jedes Menschen von seinem Gesicht ablesen zu können vermeinte und dabei in einem schönen aufgeklärten Analogieschluß dekretierte, daß in einem (vermeintlich) mißgestalteten Kopf keine schöne Seele wohnen könne. Der bucklige Lichtenberg hatte seinerzeit gegen diesen kruden, inhumanen Determinismus protestiert, weil er den ohnehin schon physisch Benachteiligten nicht auch noch zusätzlich bestraft und um die Früchte seiner intellektuellen Bildung gebracht wissen wollte, und anschließend sogleich die Unschärfe, ja Unwissenschaftlichkeit dieser Methode eindeutig bewiesen. Hier nun, ein reichliches Säkulum später, scheint alles wieder beim alten zu sein, geht man wieder fraglos davon aus, daß solcherlei Amoralität notwendig auf einem »Körper den Abdruck von Mißbildung und Verfall hinterlassen« müsse.

Die weitere Kennzeichnung Hydes ist nicht weniger prekär. Hyde ist eine Art »Höhlenmensch«. Ein Mensch vor seiner eigentlichen Menschwerdung mithin. Ein Vor- oder sollte man sagen: Untermensch? Er ist »blaß und zwergisch«, also auch in seiner Statur zurückgeblieben, und er trägt eindeutig animalische, genauer äffische Züge. Die Mordtat Hydes beschreibt Stevenson folgendermaßen: »Urplötzlich brach er in einen gewaltigen Wutanfall aus, stampfte mit dem Fuße auf, schwang seinen Stock und führte sich … wie ein Verrückter auf. Der alte Herr tat einen Schritt rückwärts, mit der Miene eines Menschen, der über alle Maßen überrascht und eine Spur gekränkt ist; und daraufhin geriet Mr. Hyde vollends außer Rand und Band und knüppelte ihn zu Boden. Und im nächsten Augenblick trampelte er in affenhafter Raserei mit den Füßen auf seinem Opfer herum und teilte einen Sturm von Schlägen nach diesem aus, unter welchem die Knochen vernehmlich barsten und der Körper auf dem Fahrweg herumsprang.« Und auch Jekylls Diener Poole bemerkt die »geschwinde und leichte Art, sich zu bewegen«, konstatiert, daß seine Haltung »zusammengekrümmt« gewesen sei – und daß er einmal »wie ein Affe zwischen den Chemikalien hervorgesprungen kam und in das Kabinett sauste«. Hydes Hand, so beschreibt sie Jekyll höchstselbst, »war dürr, gerippt, knorpelig, von dunkler Farbe und dichtbesetzt mit schwarzer Behaarung«.

Wem bisher noch nichts aufgefallen ist, der möge sich mal umsehen im antisemitischen Stereotypenfundus der Zeit: Das Konterfei des schlechthin Bösen ähnelt doch zum Verwechseln jenem Klischee des jüdischen Schurken, das seit Jahrhunderten schon in der Hochliteratur ebenso wie in jenen billigen Flugblättern und Broschüren, die vornehmlich auf dem Jahrmarkt kursierten und das Alltagswissen der Menschen von dort aus vermutlich noch tiefer durchdrungen haben, kolportiert wurde. Nur die notorische große Nase sucht man bei Hyde vergeblich, sonst sind die Analogien evident: Auch der stereotype Jude wird in der Regel als klein und eher schmächtig, bucklig-gekrümmt dargestellt. Und er ist selbstverständlich ebenfalls schlau, arglistig, grausam, lasterhaft etc.

Und wenn Stevenson seinen ehrenwerten Gentleman Dr. Jekyll bei der Verwandlung in Mr. Hyde physisch schrumpfen läßt, er infolgedessen in schlechtsitzender Kleidung das Haus verläßt und sogleich vom Kutscher verlacht wird, dann fühlt man sich an den wohlfeilen Spott der Aristokratie und des gehobenen Bürgertums erinnert, die den jüdischen Parvenüs Ende des 19. Jahrhunderts wegen ihres angeblichen Defizits an gesellschaftlichen Umgangsformen eine uneingeschränkte Emanzipation verwehrten. Dazu weiß zum Beispiel Fontane, in seinen Briefen, bisweilen aber sogar in den Romanen (*L'Adultera* vor allem), manche hämische Geschichte zu erzählen. Selbstredend hat Hyde ebenfalls keine Manieren: Er springt herum, bewegt sich konvulsivisch, knirscht mit den Zähnen, schneidet Fratzen – von der ruhigen Würde des Gentlemans mithin keine Spur.

Sogar die biologistischen Vorstellungen der Antisemiten, wonach Juden allein nicht lebensfähig seien, mithin einen Wirtsorganismus benötigten und aus diesem als eine Art »Schmarotzer« ihre Lebensenergie bezögen, bis dieser schließlich daran zugrunde gehe – sogar solche von den Nationalsozialisten späterhin dankend vereinnahmten Widerlichkeiten scheinen hier, wiewohl etwas modifiziert, eine Entsprechung zu haben, wenn Dr. Jekyll fast am Ende seiner Selbstanalyse zu bedenken gibt, daß ihm Hyde »bei all seiner Lebensenergie« wie etwas vorgekommen sei, das »nicht nur teuflisch, sondern unorganisch war«: »Dieses war das Entsetzliche; daß der Schlamm des Höllenpfuhls Schreie und Stimmen von sich zu geben schien; daß der formlose Staub gestikulierte und sündigte; daß das, was tot war und keine Gestalt besaß, sich der Funktionen des Lebens bemächtigen konnte. Und dann wiederum dies, daß dieses aufrührerische Scheusal ihm enger anverbunden war als eine Ehefrau, enger als ein Auge; in seinem Fleisch gefangen lag, wo er es grollen hörte und all seine Anstrengungen darauf gerichtet spürte, geboren zu werden; und in jeder Stunde der Schwäche und während des vertrauensseligen Schlafes über ihn triumphierte und ihn aus dem Leben drängte.«

Ein derartiger Befund kann und soll nun keineswegs Stevensons antijüdisches Ressentiment bezeugen, denn vom Judentum ist ja an keiner Stelle des Romans die Rede. Daß aber ein Bestsellerautor des späten 19. Jahrhunderts, wenn es das absolut Böse darzustellen gilt, bewußt oder auch unbewußt die bewährte antijüdische Schablone benutzt, daß ihm also der stereotype Jude dafür Modell steht, das zeigt doch zumindest die Latenz und schnelle Abrufbarkeit eines solchen pejorativen Musters in jener Zeit. Und das ist gefährlich, wie wir mittlerweile wissen, weil sich dieses im Grunde ja immer schon Gewußte leicht aktualisieren und in suggestiver Weise instrumentalisieren läßt und derjenige, der sich dessen zu bedienen weiß, dadurch zwangsläufig an Überzeugungskraft gewinnt.

Ausgewählte Filme, chronologisch:

Dr. Jekyll und Mr. Hyde
(Dr. Jekyll And Mr. Hyde)
USA 1931; R: Rouben Mamoulian; Db: Samuel Hoffenstein, Percy Heath; D: Fredric March (Dr. Jekyll/Mr. Hyde), Miriam Hopkins (Ivy Pearson), Rose Hobart (Muriel Carew), Holmes Herbert (Dr. Lanyon).

Arzt und Dämon
(Dr. Jekyll And Mr. Hyde)
USA 1941; R: Victor Fleming; Db: John Lee Mahin; D: Spencer Tracy (Dr. Jekyll/Mr. Hyde), Ingrid Bergman

(Ivy Peterson), Lana Turner (Beatrix Emery), Donald Crisp (Sir Charles Emery), Ian Hunter (Dr. Lanyon).

Das Testament des Dr. Cordelier
(Le Testament Du Docteur Cordelier)
Frankreich 1959/61; R: Jean Renoir; Db: Jean Renoir; D: Jean-Louis Barrault (Dr. Cordelier/Opale), Teddy Bilis (Maître Joly), Michel Vitold (Dr. Séverin).

Dr. Jekyll und Mr. Hyde
(Dr. Jekyll And Mr. Hyde)
GB 1990; R: David Wickes; Db: David Wickes; D: Michael Caine (Dr. Jekyll/Mr. Hyde), Cheryl Ladd (Sara Crawford), Joss Ackland (Dr. Lanyon).

Mary Reilly
USA/GB 1996; R: Stephen Frears; Db: Diana Dill, Christopher Hampton; D: Julia Roberts (Mary Reilly), John Malkovich (Dr. Jekyll/Mr. Hyde), Glenn Close (Mrs. Farraday), George Cole (Mr. Poole).

FRANK SCHÄFER

Ein wetterwendischer Teufel

Long John Silver (Die Schatzinsel / Treasure Island)

Robert Louis Stevenson ist ein abgefeimter Erzähler, der die Dramaturgie der Spannung beherrscht. Wenn einer dieses Formats sich einen Schurken ausdenkt und literarisch in Szene setzt, wie in seinem Welterfolg *Schatzinsel*, nur davon soll jetzt die Rede sein – dann geschieht das selbstredend mit Bedacht, mit einem Kalkül auch, das alle jene Menschen Lügen straft, die das Buch als handlungssatte Abenteuerschnurre für den adoleszenten Leser oder eben als taugliche Filmvorlage (immerhin knapp zwanzigmal hat man sich denn auch schon daran versucht) abtun zu können glauben.

Bevor Jim Hawkins, der Ich-Erzähler und jugendliche Held des Romans, auf seinen Antagonisten, den nachgerade archetypischen Bösewicht Long John Silver, trifft, vergehen einige Seiten, die Stevenson aber nutzt, um ihn indirekt zu exponieren – und also seinen ersten richtigen Auftritt gut vorzubereiten. In der Gastwirtschaft des siechen Vaters hat sich ein dubioser Geselle eingemietet, Billy Bones mit Namen. Wie sich herausstellt, ein Seeräuber, der unter dem Jolly Roger des berüchtigten Bukaniers Käpt'n Flint gesegelt ist und der, wie sich ebenfalls noch herausstellt, dessen Schatzkarte besitzt. Billy Bones wird von ehemaligen Kumpanen verfolgt, die ebenfalls hinter dieser Karte her sind. Vor allem vor einer Person hat er Todesangst, »einem Seefahrer mit einem Bein«, und inständig bittet er Hawkins, nach ihm Ausschau zu halten; er läßt sich diesen kleinen Observationsdienst sogar monatlich vier Pence kosten. Schwerverdientes Geld für Jim, denn die einbeinige Chimäre bringt seine Jungenphantasie gehörig in Wallung: »In stürmischen Nächten, wenn der Wind die vier Ecken des Hauses erschütterte und die Brandung die Bucht entlang und die Klippen herauf brüllte, erblickte ich ihn in wohl tausenderlei Gestalt und mit wohl tausenderlei teuflischen Grimassen. Bald war das Bein am Knie abgehackt, bald an der Hüfte; bald war er eine ungeheuerliche Art von Geschöpf, so niemals mehr als das eine Bein besessen, und dieses hinwiederum in der Mitte von seinem Leibe. Wenn ich ihn erblickte, wie er sprang und rannte und mich über Hecke und Graben hinweg verfolgte, so war's der schlimmste Alptraum von allen.«

Ein Ungeheuer und Ausbund des Teufels also – und Jims Unterbewußtsein liegt ja so falsch damit nicht. Aber noch hat er ihn nicht gesehen, ist alles bloßes Hirngespinst – und Stevenson spinnt erst einmal unbeirrt den Handlungsfaden weiter. Hawkins gerät in den Besitz der Schatzkarte und offenbart sich zwei ihm wohlgesinnten, abenteuerlustigen Gentlemen, dem hiesigen Großgrundbesitzer Trelawney und dem Bezirksarzt Dr. Livesey, die daraufhin ein Schiff ausrüsten und sich mit ihm auf Schatzsuche begeben wollen. Trelawney macht sich auf nach Bristol, um die nötigen Vorbereitungen zu treffen; einige Wochen vergehen, dann schreibt er den Abenteurern im Wartestand einen schwärmerischen Brief, der Hawkins in einige Unruhe versetzt. Ihm habe, nachdem sich die Rekrutierung des Schiffspersonals mehr als schwierig gestaltet hatte, »die allerbemerkenswerteste glückliche Fügung genau den Mann« zugeführt, welchen er brauchte: »Es stellte sich heraus, daß er ein alter Matrose war, eine Wirtschaft betrieb, alle Seefahrersleut in Bristol kannte, an Land seine Gesundheit eingebüßt hatte und einen guten Posten als Koch suchte, um wieder zur See zu gehen. Er war an dem Morgen herumgehumpelt, so sagte er, um ein bißchen Salz in die Nase zu kriegen.« Herumgehumpelt?! In der Tat: »Ich war aufs ungeheuerlichste betrübt ... und aus bloßem Mitleid heuerte ich ihn vom Fleck weg als Schiffskoch an. Long John Silver wird er geheißen, und er hat ein Bein verloren; aber das betrachte ich als Empfehlung, denn verloren hat er's in Diensten seines Landes, unter dem unsterblichen Hawke.« Na ja, sagt jedenfalls Silver, Flint wäre wohl richtiger!

Da haben wir ihn also! Erstmals mit vollem Namen. Und schon macht er sich, zumindest dem aufmerksamen Leser, verdächtig, indem er seine Verkrüppelung mitleidheischend ins Spiel bringt, um eingestellt zu werden, und auch gleich die weitere Rekrutierung in die Hand nimmt – natürlich um seine Kumpane aufs Schiff zu bekommen. Er überzeugt den Squire sogar davon, zwei der von ihm bereits angeheuerten Mannschaftsmitglieder wieder zu entlassen, weil – so der bis zur Schafsköpfigkeit Gutgläubige – »es sich bei denen gerade um jene Sorte von Süßwasserwaschlappen handelte, welche wir bei einem bedeutsamen Abenteuer zu fürchten hätten«.

Dann geht es ans Absegeln. Die Freunde treffen sich in

Bristol, und der mißtrauische Hawkins begegnet nun endlich, nach immerhin fast 80 Seiten, dem realen Gegenstück seiner Angstträume – und siehe da: »Sein linkes Bein war dicht an der Hüfte abgeschnitten, und unter der linken Schulter hielt er eine Krücke, welche er mit wunderbarer Geschicklichkeit handhabe, indem er darauf herumhüpfte wie ein Vogel. Er war sehr groß und stark gebaut, mit einem Gesicht so breit wie ein Schinken – flach und bleich, aber doch aufgeweckt und lächelnd. Tatsächlich schien er bei allerbester Laune, pfiff vor sich hin, wie er sich zwischen den Tischen herumbewegte, hatte dabei für die Bevorzugteren unter seinen Gästen ein freundliches Wort oder ein Schulterklopfen übrig.«

Ein Pfundskerl mithin. So benimmt sich einfach kein Bösewicht, jedenfalls nicht jener schreckliche Seeräuber, von dem Jim Hawkins phantasiert hatte: »… ich dacht, ich wüßte wohl, was ein Bukanier für einer war – ein Geschöpf, so gänzlich verschieden meiner Ansicht nach von diesem sauberen und freundlich gelaunten Wirtsmann.«

So ist er denn auch von der ehrenwerten Gesinnung Silvers sofort und fest überzeugt – »ein einziger Blick auf den Mann vor meinen Augen reichte aus«! Aber wer kann es Jim verdenken, wenn die Erwachsenen, der Doktor, Trelawney und sogar der kundige Kapitän Smollet, ihm ebenfalls auf den Leim gehen? Selbst die Anwesenheit vom »Schwarzen Hund« in Silvers Kneipe, jenem Schurken also, den Jim als einen der Verbrecher identifiziert, die ebenfalls hinter dem Schatz des Käpt'n Flint her sind, und der nur knapp entfliehen kann, weiß Silver mit seinem Witz und einnehmenden Wesen, seiner rabulistischen Redegewandtheit sowie etwas Schmeichelei ins Positive zu wenden.

Nun, das Schiff sticht in See – und zunächst scheint sich Hawkins' Einschätzung des einbeinigen Schiffskochs nur zu bestätigen: »›Der ist kein gewöhnlicher Mensch, der Bratspieß‹, sagte der Bootsführer zu mir. ›Der hatte in seinen jungen Tagen gute Schulung und kann reden wie ein Buch, wenn er danach aufgelegt ist; und tapfer – ein

Löwe ist nichts gegen Long John! Hab ihn schon mal viere sich greifen sehen und mit denen ihren Köpfen zusammenhauen – er selber unbewaffnet.‹«

So einen hätte man nicht gern zum Feind, hat man ja aber auch zunächst nicht: »Die ganze Mannschaft achtete ihn und gehorchte ihm sogar. Er hatte so eine Art, mit jedermann zu reden und jedem irgendeine besondre Gefälligkeit zu erweisen. Mir gegenüber war er unermüdlich freundlich; und stets froh, mich in der Kombüse zu erblicken, welche er so reinlich hielt wie einen neuen Griffel; die Pfannen blankgeputzt und aufgehängt, und seinen Papagei in einem Käfig in der Ecke.«

Da taucht nun endlich auch sein Papagei auf, der noch dazu so heißt wie der schon mehrfach erwähnte berüchtigte Pirat, Käpt'n Flint nämlich, und der nicht an sich halten kann, die mühevoll verborgene Gesinnung seines Besitzers hinauszukrähen: »Piaster! Piaster! Piaster!« Und: »Klar zum Wenden.« Dessen wetterwendischer Charakter, den Hawkins später noch mehrfach vorgeführt bekommt, wird hier bereits offenbar, und Silver beeilt sich denn auch zu versichern, daß der Vogel ja gar nicht wisse, wovon er spreche. »Und dann tippte John sich wohl ans Stirnhaar auf jene feierliche Weise, so er an sich hatte und welche mich überzeugte, er sei der beste Mensch von allen.«

Nicht mehr lange, denn bald danach belauscht Hawkins zufällig, in einer Apfeltonne versteckt, ein Gespräch, in dem sich Silver als Quartiermeister des Käpt'n Flint zu erkennen gibt und noch dazu als Anführer einer bevorstehenden Meuterei. Und einmal mehr zeigt er sich hier als kühl kalkulierender Kopf. Silver bremst seine Kumpane, die lieber heute als morgen losschlagen würden, und ermahnt sie zur Geduld: »Nun denn, ich mein, dieser Squire und dieser Doktor werden uns das Zeug suchen und uns helfen, das an Bord zu kriegen, bei allen Mächten. Dann sehn wir weiter. Wenn ich mich auf euch alle verlassen könnt, ihr kauderwelschen Bastarde, dann würd ich uns von Käpt'n Smollet den halben Weg zurück navigieren lassen, bevor ich zuschlag.« Er macht aber auch unmißverständlich klar, wie dann mit den Freunden zu verfahren sei: »Warten, das ist's, was ich sag; aber wenn die Zeit da ist, warum lange kabbeln lassen!«

Silvers Rechnung geht jedoch nicht auf. Als sie bei der Schatzinsel anlanden, kommt es zur offenen Meuterei – Hawkins hat indessen früh genug Alarm geschlagen, so daß sich die ehrenwerte Gesellschaft unbeschadet auf die Insel retten und dort verschanzen kann. Hawkins entfernt sich unerlaubt und muß mit ansehen, einmal mehr gut versteckt, wie der Einbeinige zwei loyale Matrosen kaltblütig und hinterrücks ermordet. Er fällt in Ohnmacht. Anschließend trifft er zufällig auf Benn Gunn, einen einstmals hier ausgesetzten, mit den Jahren zum Guten bekehrten Seeräuber aus Käpt'n Flints Crew, der den Schatz längst gehoben hat. Nach blutigen Scharmützeln zwischen den verfeindeten Parteien büxt Hawkins ein weiteres Mal aus, bringt das Schiff in seine Gewalt und an einen sicheren Ort, gerät anschließend aber in die Hände der Meuterer, die mittlerweile im Besitz der Karte sind und sich nun auf die Suche nach dem Schatz begeben wollen. Vorher allerdings soll Hawkins umgebracht werden. Silver indessen, dieser teuflische Wechselbalg, mittlerweile ohne Schiff, sieht die Aussichtslosigkeit seiner Lage sehr genau und zeigt zum ersten Mal Nerven – »seine Wangen schienen eingefallen zu sein, seine Stimme bebte; nie war einer Menschenseele todernster zumut«. Mit anderen – seinen eigenen – Worten: Er kriegt »das Schlottern wegen dem Galgen«. Und schlägt Hawkins deshalb einen Deal vor: »Dein Leben werd ich dir – wenn ich's bloß eben kann – vor denen retten. Aber paß gut auf, Jim – die eine Hand wäscht die andre –, du errettest Long John vorm Baumeln.«

Hawkins schlägt ein, will sein möglichstes für ihn tun, wenn es soweit ist, was bleibt ihm auch anderes übrig. Und Silver kann ihn nur mit Mühe vor den Übergriffen der Männer beschützen. Dann brechen sie auf zur Schatzsuche – vielmehr zum letzten entscheidenden Gefecht, denn Käpt'n Flints Schatz ist ja längst gehoben, wie gesagt, und Dr. Livesey und seine wackeren Mannen warten dort schon auf sie, das Gewehr im Anschlag.

Kurz vor dem Zusammentreffen übermannt Long John Silver aber doch noch einmal seine Gier: »Sonder Zweifel nahm er keine Mühen auf sich, um seine Gedanken zu verbergen; und sonder Zweifel las ich diese deutlich wie Gedrucktes. In unmittelbarer Nähe des Geldes war alles andre vergessen; … und ich konnte nicht bezweifeln, daß er hoffte, den Schatz in Beschlag zu nehmen, die Hispaniola aufzuspüren und im Schutze der Nacht an Bord zu gehen, jede anständige Kehle auf dem ganzen Eilande durchzuschneiden und davonzusegeln, beladen mit Verbrechen und Reichtümern … Immer wieder stolperte ich; und da war's, daß Silver so roh an dem Taue riß und mir seine mördrischen Blicke zuwarf.«

Und einmal mehr kommt es zu einem Sinneswandel, als sich herausstellt, daß der Schatz bereits beiseite geräumt wurde und sie in einen Hinterhalt geraten sind: »Seine Blicke waren nun recht freundlich; und ich war über diese ständigen Umschwünge so aufgebracht, daß ich's mir nicht verkneifen konnte zu flüstern: ›Ihr habt also wieder mal die Seite gewechselt.‹«

Und wie man zunächst über die Schlauheit und Arglist dieses Mannes gestaunt hat, so staunt man am Ende über seine schier grenzenlose Unverfrorenheit. Als die Meuterer schließlich in die Flucht geschlagen sind, gibt es ein zünftiges Festmahl: »Und da war Silver ein Stück weit weg und beinahe außerhalb vom Feuerscheine sitzend, aber herzhaft beim Essen und stets auf dem Sprung zu prompten Diensten, wenn irgend etwas gebraucht wurde, und sogar ganz ungezwungen, wenn er in unser Lachen einfiel – der nämliche, sanftmütige, höfliche, willfährige Seemann, welcher er bei der Ausfahrt gewesen.«

Was macht man nun mit so einem alerten Teufel? Stevenson ist Realist genug, ihn nicht seiner gerechten Strafe zuzuführen. Das hätte ihm sowieso keiner abgenommen. Schon im ersten Hafen, den sie anlaufen, flüchtet Silver unbemerkt mit einem Sack voller Guineen. Und im Grund sind »alle froh, ihn so billig losgeworden zu sein«. Verbrechen zahlt sich eben doch aus ...

Jetzt fehlt eigentlich nur noch das Schlußwort: »Von Silver haben wir nichts mehr gehört. Dieser fürchterliche Seefahrer mit einem Bein ist am Ende glatt aus meinem Leben verschwunden; aber ich wage zu behaupten, daß er seine alte Negerin getroffen hat und sich vielleicht mit ihr und Kapitän Flint ein behagliches Leben macht. Man kann's jedenfalls nur hoffen, denk ich, denn seine Aussichten auf Wohlbehagen in der andern Welt sind äußerst gering.« Mit einem Wort: In der Hölle soll er schmoren!

Ausgewählte Filme, chronologisch:

Die Schatzinsel
(Treasure Island)
USA 1934; R: Victor Fleming; Db: John Lee Mahin; D: Wallace Beery (Long John Silver), Jackie Cooper (Jim Hawkins), Lionel Barrymore (Billy Bones), Lewis Stone (Capt. Smollet), Nigel Bruce (Squire Trelawney).

Die Schatzinsel
(Treasure Island)
GB/Frankreich/BRD/Spanien 1972; R: John Hough, Andrea Bianchi; Db: Wolf Mankowitz, Orson Welles; D: Orson Welles (Long John Silver), Kim Burfield (Jim Hawkins), Lionel Stander (Billy Bones), Rik Battaglia (Capt. Smollet), Walter Slezak (Squire Trelawney).

Muppets – Die Schatzinsel
(Muppet Treasure Island)
USA 1996; R: Brian Henson; D: Tim Curry (Long John Silver), Kevin Bishop (Jim Hawkins), Billy Connolly (Billy Bones), Kermit (Capt. Smollet), Miss Piggy (Benjamina Gunn).

MICHAEL ENDEPOLS

Im Zeitalter des Skorpions –
Mr. Arkadin persönlich!

»Jetzt werde ich Ihnen etwas über einen Skorpion erzählen. Dieser Skorpion wollte einen Fluß überqueren. Also bat er einen Frosch, ihn hinüberzutragen. ›Nein‹, sagte der Frosch. ›Nein danke. Wenn ich dich auf meinen Rücken lasse, könntest du mich stechen, und der Stich eines Skorpions bedeutet Tod.‹ – ›Nun, wo ist denn‹, so fragte der Skorpion, ›die Logik in dieser Geschichte?‹ – (denn Skorpione versuchen immer, logisch zu sein). ›Wenn ich dich steche, wirst du sterben, ich aber muß ertrinken.‹ Dies überzeugte den Frosch, und er gestattete dem Skorpion, sich auf seinen Rücken zu setzen. Aber genau in der Mitte des Flusses spürte der Frosch einen schrecklichen Schmerz und erkannte, daß der Skorpion ihn doch gestochen hatte. ›Wo ist die Logik?‹ rief der sterbende Frosch, als er unterging, den Skorpion auf dem Rücken. ›Das ist doch nicht logisch!‹ – ›Ich weiß‹, sagte der Skorpion, ›aber ich kann doch nichts dafür – so ist nun mal mein Charakter.‹ – Laßt uns auf den Charakter trinken …«

(Orson Welles in *Mr. Arkadin*)

Kann einen dieser merkwürdige Gregory Arkadin, der sich mit einem tödlichen Skorpion vergleicht, wirklich faszinieren? Ein ehemaliger Zuhälter und späterer Waffenhändler, der sich mit albernen Perücken und falschen Bärten schmückt und das Leben eines alternden Playboys führt. In manchem an Stalin erinnert, dabei aber kaum über eine diabolische Ausstrahlung verfügt. Der bevorzugt in südlichen und mediterranen Ländern logiert und sich mit schönen Frauen in Haremsstärke umgibt, gleichzeitig seiner einzigen Tochter in eifersüchtiger Liebe verbunden ist. Der sich kultiviert gibt, der zu einem Ball lädt, bei dem alle in Goya-Masken erscheinen müssen, und der sich schon mal als Weihnachtsmann verkleidet. Ist das der Stoff, aus dem große Schurken gemacht sind?

Man sollte nicht vergessen: Trotz handfester Kolportageelemente befinden wir uns mit Arkadin in der eher theoretischen Abteilung der populären Bösewichter. Wir haben hier die Idee zu einem Verbrecher, den Bauplan für ein Monster. Gerade der überraschende Mangel an sinnlicher Präsenz und seine eigenartige Unsichtbarkeit gehören zur Konzeption dieser Figur. Seine Geschichte ist eher eine Parabel über die Macht, die sich genußvoll inszeniert und am Ende doch selbst vernichtet. Arkadin interessiert sich für nichts außer seiner Macht, von deren Absolutheit er berauscht ist. Erst als er zu erkennen gibt, daß seine Vergangenheit ein Geheimnis birgt, verliert er die Kontrolle über sein Leben.

Der angesehene Geschäftsmann, der Regierungen zu seinen Kunden zählt, fühlt sich von der eigenen dunklen Vergangenheit bedroht. Er möchte uneingeschränkt herrschen und unangreifbar werden, deshalb müssen die alten Weggefährten, die jetzt potentiell gefährliche Mitwisser sind, ausgeschaltet werden. Für diesen Hochmut, einem Gott gleich über das eigene Schicksal bestimmen zu wollen, muß er schließlich bezahlen.

Orson Welles schuf mit Arkadin seine einzige große Figur, die nicht aus dem anglo-amerikanischen Raum stammt, sondern aus dem Osten Europas. »Aus einem alten, halb-wilden Land kommend, etabliert er sich in der modernen europäischen Zivilisation, indem er seine ganz eigene Art von Energie und seine barbarische Intelligenz einsetzt. Seine Moral mag hassenswert sein, aber nicht seine Geisteshaltung. Ich finde es unmöglich, einen leidenschaftlichen Menschen zu hassen.« (Orson Welles/ Peter Bogdanovich: Hier spricht Orson Welles. Weinheim/ Berlin 1994) Bis Ende 1954 beschäftigte sich Welles immer wieder mit der Geschichte Arkadins, bei dessen Geburt ein anderer wahrlich infamer Verbrecher Pate stand.

Welles verfügte bekanntlich auf mehreren Feldern über ein erstaunliches Talent, das zum erfolgreichen Geschäftsmann fehlte ihm allerdings. Einige seiner Projekte scheiterten an der fehlenden Finanzierung, andere waren von nachträglichen Eingriffen und Veränderungen betroffen. Von mehreren Arbeiten hat er sich später distanziert und die Verantwortung für sie abgelehnt. Auch der Entwurf zu *Mr. Arkadin* hat nie die filmische Umsetzung erfahren, die sein Erfinder einmal im Sinn hatte. Man hat Welles deshalb als den großen »Unvollendeten« der Filmgeschichte bezeichnet, der zahlreiche Fragmente und Filmsplitter hinterließ, die bis heute Historiker und Archivare zu Rekonstruktionen herausfordern.

Am kontinuierlichsten und produktivsten konnte Orson Welles für das Theater und den Rundfunk arbeiten. Von dort stammten seine Erfahrungen, und durch den Skandalerfolg des Hörspiels *War of the Worlds* war er schon 1938 zum Star geworden, bevor Hollywood auf ihn aufmerksam wurde. Die Arbeit für das Radio fiel ihm leicht, er hatte eine wunderbare Stimme und war der geborene Geschichtenerzähler mit einer schier grenzenlosen Phantasie. Nach dem weltweiten Erfolg des Films *The Third Man* entstand im März 1951 eine Hörspielserie, die sich um die früheren Abenteuer von Harry Lime drehte, vor seinem Ende in der Wiener Kanalisation. Welles, der gerade in Geldsorgen für sein *Othello*-Projekt steckte, willigte ein, die Rolle des Harry Lime zu sprechen, und entwickelte auch die Ideen und Dialoge für einige der Folgen. Der Charakter der Titelfigur wurde für die Serie ziemlich verändert, Lime war jetzt nicht mehr so zynisch, arbeitete gelegentlich als Agent für die USA und traf auf Schurken, die es spielend mit ihm aufnehmen konnten.

Eine von Welles verfaßte Episode trug den Titel »Greek Meets Greek«, eine Redewendung aus dem Englischen, die soviel bedeutet wie »zwei Ebenbürtige treffen aufeinander«. In ihr erhält Harry Lime von einem Mann, der sich Arkadin nennt, den Auftrag, dessen Vergangenheit zu recherchieren, da er angeblich an Gedächtnisverlust leide. Aus der Erinnerung der Personen, die Lime aufspürt und die noch über die schmutzige Vergangenheit Arkadins Bescheid wissen, ergibt sich Stück für Stück das

Bild einer kriminellen Biographie. Der Aufstieg vom brutalen Mädchenhändler zum Waffenschieber im großen Stil, der seine Geschäfte jetzt als angesehenes Mitglied der feinen Gesellschaft ausübt. Arkadin läßt die letzten Zeugen seiner Herkunft aus der Unterwelt gnadenlos ermorden. Zu spät erkennt Lime, daß er nur das Werkzeug in einem teuflischen Plan gewesen ist. Am Ende verschwindet Mr. Arkadin spurlos aus einem Flugzeug, als er glaubt, seine geliebte Tochter könnte die grausame Wahrheit über ihn erfahren. Hier haben wir also die Geburtsstunde von Gregory Arkadin, als ein Nebenprodukt des so bekannten Harry Lime. Dies ist nicht ganz ohne Ironie. Der Regisseur Welles hatte immer Probleme damit, daß er die größte Popularität in seinem Leben einer schauspielerischen Arbeit verdankte, die in seinem Selbstverständnis nur eine marginale Rolle spielte. Schließlich akzeptierte er die Möglichkeit, von Limes kommerziellem Erfolg zu profitieren.

Der Glaube an die Qualität der Geschichte läßt Welles bald nach dem Hörspiel auch eine Verfilmung ins Auge fassen. Erst Anfang 1954 aber hatte er genug Geld zusammen, um mit den Dreharbeiten beginnen zu können. Die Rolle des Gregory Arkadin übernimmt Welles schließlich selbst, nachdem er lange Zeit seinen alten Freund Akim Tamiroff dafür im Sinn hatte, der jetzt noch in einer wunderbaren Nebenrolle als Jakob Zouk zu sehen ist. Die ursprüngliche Konzeption sah vor, die Geschichte in zahlreichen Rückblenden zu erzählen, eine Erzähltechnik, die Welles seit *Citizen Kane* interessierte. Doch die Zeiten, in denen er mit solcher Freiheit arbeiten konnte, sind für ihn lange vorbei. Der Film erleidet ein für Welles' Werk typisches Schicksal. Der Produzent entzieht dem Regisseur wegen Überschreitung der vorgesehenen Drehzeit die Kontrolle, der Schnitt und die Endfertigung finden ohne Welles statt, der den Film in dieser Form fortan für total mißlungen hält.

Im Gegensatz zu vielen Kritikern, die hinter der bescheidenen Ausstattung das Improvisationsgenie Welles erblicken, das unter ärmlichen Bedingungen in verschiedenen europäischen Ländern einen großartigen Film ertrotzte. Besonders den jungen Autoren der französischen *Cahiers du Cinéma* ist *Mr. Arkadin* ein erneuter Beweis für die singuläre Größe eines Regisseurs, der zu den Hausgöttern der Redaktion zählt.

Zeit seines Lebens hielt Orson Welles den Einfall mit Arkadin für seine beste populäre Geschichte, die so gründlich vermarktet wurde wie kaum eine andere seiner Erfindungen. Neben dem Hörspiel und der Verfilmung existiert auch ein Roman, der Welles als alleinigen Verfasser nennt und der zuerst als Fortsetzungsgeschichte in einer französischen Zeitung erschien, später in Buchform und anschließend auch in englischer Übersetzung. Allein von dem Film sind sieben unterschiedliche Fassungen in Europa und den USA bekannt. Welche dabei den Intentionen von Welles noch am ehesten entspricht, ist bis heute für Filmhistoriker eine knifflige Frage.

Wer ist nun dieser Gregory Arkadin? Arkadin zählt zu der Gruppe der allmächtigen Verbrecher, wie sie besonders nach den beiden Weltkriegen in der Populärkultur auftauchen. In ihnen drückt sich die Ohnmacht des einzelnen aus, der mächtigen und undurchschaubaren Apparaten ausgeliefert ist. Mancher Kritiker sah in Arkadin sogar eine Reflexion über die Bedrohung durch die Atombombe. Unsichtbar und doch allgegenwärtig. Für Eric Rohmer war er dagegen »die Inkarnation des Schicksals. Ein moderner Gott, allgegenwärtig, auffahrend in den Himmel, aus dem er gekommen zu sein scheint, ein verletzlicher Gott, ein grausamer Gott und doch gerecht.« (Eric Rohmer: Der Geschmack des Schönen. Frankfurt/Main 2000)

Das zeitgenössische Publikum in den 50er Jahren konnte bei Arkadin noch an so legendäre Abenteurer wie Sir Basil Zaharoff denken, einen Waffenhändler griechischer Abstammung, der über ausgezeichnete Kontakte in die Politik verfügte und während des ersten Weltkriegs ein unglaubliches Vermögen machte. Dem erstaunten Peter Bogdanovich gegenüber bekannte Welles daneben, er habe die Figur Stalin nachempfunden. Und in der Tat lassen sich dafür einige Anhaltspunkte finden. Beide stammen aus Georgien, und beide wollen nicht nur über die Gegenwart, sondern auch über die Vergangenheit bestimmen. Der Beginn seiner Karriere in der Unterwelt Warschaus ist Arkadin später peinlich, besonders seine geliebte Tochter darf davon nichts erfahren. Wie Stalin, der Trotzki bis nach Mexiko verfolgte, spürt Arkadin die Mitwisser seiner Vergangenheit an den entlegensten Orten auf und vernichtet sie. Auch Arkadin herrscht durch Wissen, er beschäftigt ein Heer von Privatdetektiven, die ihm einen Informationsvorsprung verschaffen. Für Welles ist auch der selbstzerstörerische Trieb Arkadins Teil von dessen slawischer Seele.

Er hat den Instinkt eines Raubtiers, das seinen Vorteil wittert und ohne Skrupel davon Gebrauch macht. Ein Kriegs- und Krisengewinnler, der aus der unübersichtlichen Nachkriegszeit als Profiteur hervorgeht. Sich selbst treu bleiben, den eigenen Charakter, wie bösartig auch immer, nicht zu verleugnen ist sein Credo. Die Menschen, die Arkadins Anfänge kennen und deshalb von ihm verfolgt werden, hat der Krieg zu Heimatlosen gemacht. Sie leben verstreut in allen Winkeln, vereint durch die Angst vor dem mächtigen Arkadin, dessen Skrupellosigkeit sie nur zu gut kennen. Der Ort seiner geheimnisvollen Vergangenheit liegt jetzt hinter dem Eisernen Vorhang, nur wer von dort fliehen konnte, kann Arkadin noch gefährlich werden und wird verfolgt. Die anderen erscheinen fast schon als lebendig begraben und somit nicht in der Lage, eine Bedrohung darzustellen. Hier ist Arkadin am deutlichsten ein Stoff aus dem kalten Krieg.

Die Recherche zu Arkadins Vergangenheit endet in München, das noch deutlich die Spuren der Zerstörung zeigt. Auf dem Dachboden, wo sich der verängstigte Zouk versteckt, hängt ein Gemälde Hitlers kopfüber an der Wand. Welles ließ sich zu diesem Detail wenig entlocken, es sei nur ein Stück Zeitkolorit in der Ausstattung, solche Sachen fand man eben damals auf deutschen Dachböden. Der Hinweis auf den verklemmten Kleinbürger Hitler stellt im Zusammenhang mit dem Lebemann Arkadin wohl wirklich keine sehr brauchbare Spur dar.

Arkadin ist ein moderner Herrscher, er kann räumliche Entfernungen mit Leichtigkeit überwinden und scheint überall gleichzeitig zu sein. Er ist ein Genußmensch, der gern in Gesellschaften glänzt und den man nie bei der Arbeit sieht. Das Unterweltmilieu, aus dem Arkadins Aufstieg zu Macht und Reichtum begann, hat er lange schon verlassen. Es ist ihm sogar etliche Morde wert, eine Verbindung zu dieser schäbigen Vergangenheit für immer zu verhindern. Als akzeptiertes und umschwärmtes Mitglied der High-Society kann er jetzt seine dubiosen Geschäfte ganz legal durchführen.

Möglicherweise liegt es aber doch an Arkadins Herkunft, daß soviel an ihm nach billigem Theater schmeckt. Sein Aussehen erinnert an den Meeresgott Neptun, einmal wird er auch mit ihm direkt verglichen. Orson Welles scheint sich dieser Nähe bewußt gewesen zu sein. Besonders deutlich wird dies in der Szene, in der die betrunkene Mily an Bord von Arkadins Jacht ihm von den Plänen van Strattens erzählt und damit ihr eigenes Todesurteil spricht. Es herrscht dabei ein sehr starker Seegang, als ob der Zorn Neptuns die Naturgewalten entfesselt hätte.

Das Ende von Gregory Arkadin bleibt freilich ein großes Rätsel. Er verschwindet einfach, löst sich in Luft auf – zurück bleibt nur ein führerloses Flugzeug. Zerplatzt wie eine Seifenblase scheint seine Macht, und damit auch seine Person. Vielleicht hat sich auch nur das Prinzip Arkadin endgültig durchgesetzt: das Zeitalter des Skorpions, in dem Waffenhändler das Schicksal der Welt bestimmen. Aber der Tag wird kommen, an dem der Himmel aufgeht und es Frösche regnet auf alle Lebenden und Toten.

Herr Satan persönlich!
(Mr. Arkadin)
Frankreich/Spanien 1954/55; R: Orson Welles; Db: Orson
Welles; D: Orson Welles (Gregory Arkadin), Robert Arden
(Guy van Stratten), Paola Mori (Raina Arkadin), Akim
Tamiroff (Jakob Zouk), Patricia Medina (Mily).

KAY SOKOLOWSKY

Ornithologie des Todes

Norman Bates (Psycho)

Verglichen mit den Schlachtfesten und mindestens dut-
zendfachen Exekutionen, die ein irrer Filmkiller heute
schon veranstalten muß, um vom Publikum für voll genommen zu werden, wirkt das dunkle Treiben des Norman Bates in Alfred Hitchcocks *Psycho* bescheiden, nachgerade naiv. Zwei Morde sehen wir ihn begehen, von
zwei weiteren wird bloß und en passant erzählt, eine
dritte Bluttat scheitert im Ansatz. Dennoch umwölkt
Bates eine Aura aus Alptraum und Verhängnis wie keinen seiner viel viehischeren Nachfolger. Er hat zahllose
bekommen: von Michael Myers, dem *Halloween*-Killer,
über Freddy Krueger, den lebenden *Nightmare on Elm
Street*, bis zu den sadistischen Gymnasiasten in *Scream* –
um nur die interessanten zu nennen. Hitchcock selbst hat
vergeblich versucht, seinem Monster ein ebenbürtiges
Pendant zu verschaffen. Doch Bob Rusk, der Frauenwür-
ger von *Frenzy*, erfüllt sein Publikum allein mit Entsetzen und Wut statt mit Schauer und einer Spur Mitleid;
und genau darin unterscheiden sich alle Söhne Norman
Bates' vom Ahnherrn. Sie sind sture Handwerker des Sa-
dismus, Serienmörder, denen es allein um das Serielle

ihrer Verbrechen geht und die erst im Blutrausch zu *sich* kommen. Bates hält sich selbst nicht aus, wenn er schlachtet, er wird zu jemand anderem, um seiner Obsession frönen zu können, und flüchtet zuletzt vor der einzigen Lust, die er kennt, in die schizophrene Katatonie: ein schier übernatürlicher Akt der Reue.

Die erste halbe Stunde von *Psycho* vergeht ohne den geringsten expliziten Hinweis auf Bates, wenngleich die harten, wie mit dem Skalpell geschnittenen Kontraste der Schwarzweißbilder, Bernard Herrmanns unheilgeschwängerte Musik – die beste, die er komponiert hat, und das heißt: der makelloseste Score, der je einen Film veredelte –, das Mißtrauen und der Verdacht, deren Bann bereits im ersten Akt alle Figuren verfallen sind, die Erwartung nähren, es müsse jeden Augenblick *etwas Furchtbares* geschehen. Es passiert vorläufig eher Belangloses.

Marion Crane (Janet Leigh) und ihr Liebhaber Sam Loomis (John Gavin) müssen nach einem offenbar wenig vergnüglichen Mittagspausenquickie in einem schäbigen Hotel von Phoenix, Arizona, feststellen, daß sie dieses »Versteckspiel« (wir befinden uns im prüden Eisenhower-Amerika der Endfünfziger) entweder durch Heirat oder Trennung beenden müssen. Loomis träumt davon, mit Marion einen eigenen Eisenwarenladen zu eröffnen, was ihm aber verwehrt bleibt, solange seine Exfrau ihm jeden Cent aus der Tasche wegalimentiert. Marion, Sekretärin bei einem Immobilienhändler, sieht nur einen Ausweg: Noch am selben Tag stiehlt sie aus dem Tresor ihres Chefs mehrere zehntausend Dollar. Sie flüchtet aus Phoenix in die öden Weiten der Prärie. Der Film bezieht jetzt all seine Spannung aus Marions Angst, entdeckt zu werden; das Publikum wird durch subjektive Kameraführung und Montage, die Qual im Gesicht der Heldin (selten war Janet Leigh so schön wie in *Psycho*) und die grotesken Gestalten, denen sie begegnet – ein Gebrauchtwagenhändler, der sie vom Kauf eines Wagens geradezu abhalten will, ein Highway-Cop, der keine anderen Sorgen hat, als sie vorm Übernachten am Straßenrand zu warnen –, zur völligen Identifikation mit der Diebin genötigt.

In der zweiten Nacht ihrer planlosen Flucht, bei strömendem Regen, fast blind von den Scheinwerfern des Gegenverkehrs, beschließt Marion, auf den Rat des Polizisten zu hören. Sie nimmt die Abfahrt zu *Bates Motel*. Der Inhaber, ein hübscher, sehr schüchterner junger Mann, kann es kaum fassen, daß ein Gast sich zu ihm verirrt hat. Er bereitet ihr ein paar Sandwiches zu, und man kommt in Normans Büro, überwacht von einer Schar ausgestopfter Raubvögel, ins Gespräch. Marion entspannt sich zum ersten Mal seit ihrem Diebstahl. Sie erteilt Bates den wohlwollenden Rat, das Motel zu verkaufen und sein Glück in einer belebteren Gegend zu versuchen. Das mag der nicht hören; er müsse, schreit er, für seine Mutter, die sehr krank und ganz auf ihn angewiesen sei, sorgen, und Marion verliert die Lust, dem verklemmten Burschen länger zuzuhören. Sie zieht sich in ihr Apartment zurück, um zu duschen.

Bates beobachtet sie durch ein Wandloch (das übrigens von einem Gemälde der biblischen Susanna im Bade getarnt ist; lesen Sie die Legende einmal nach, um eine Ahnung von der Anspielungsdichte des angeblich so planen »Schockers« *Psycho* zu bekommen!). Marion verstaut das Diebesgut und begibt sich in die Naßzelle. Wenige Sekunden später huscht, schemenhaft, gesichtslos, eine, scheint's, weibliche Gestalt ins Badezimmer, ein Schlachtermesser blitzt auf, Großaufnahmen nackter Haut wechseln mit Großaufnahmen der zustoßenden Klinge, das Wasser braust, vermischt sich mit Blut, Marions Hand greift nach dem Duschvorhang, reißt ihn, Ring für Ring, von der Stange – eine einzigartig suggestiv montierte Sequenz, blanke Avantgarde, purer filmischer Terror, die, wenn man so will, Apotheose artifizieller Gewalt, maßgeblich geplant von Hitchcocks Vorspannmagier seit *Der unsichtbare Dritte*, dem Experimentaltrickfilmer Saul Bass. Die schier traumatisierende Montage schließt mit einer Überblendung des in den Abfluß strudelnden Blutwassers auf das erloschene Auge Marion Cranes. Dann eine Totale des Motelbungalows und des alten Spukhauses, in dem die Familie Bates wohnt. Wir hören Normans Stimme: »Mutter! Was hast du getan? Blut, Mutter, überall Blut!« Der zweite Akt endet mit der Reinigung des Badezimmers durch Bates und der Versenkung der Leiche mitsamt ihrem Wagen im Sumpf.

»Wenn Tony Perkins sein Opfer loswerden will«, erzählte Hitchcock stolz, »wird das Publikum schrecklich nervös, als das Auto [...] für einen Moment im Sumpf [...] verharrt!« Tatsächlich ist *Psycho* ein Lehrstück der Zuschauermanipulation: Die Sympathie für Marion, die Diebin, verlagert sich umgehend auf den Voyeur und (wie wir glauben) Mordkomplizen Norman. Darum schockiert zwar, erleichtert es uns aber auch, als der Privatschnüffler Arbogast (Martin Balsam), den Marions besorgte Schwester Lila (Vera Miles) angeheuert hat, im dritten Akt das Schlachtermesser von »Mutter« ins Auge getrieben bekommt. Nun machen sich Marions Schwester und Sam Loomis auf zum Motel; Lila entdeckt den ausgestopften Leichnam »Mutters«, Bates, in der Kleidung seiner abgöttisch geliebten Gebärerin, will die schreckensstarre Frau erstechen, Loomis kann ihn im letzten Moment überwältigen.

Der viel zu kurze, alles andere als beruhigende Epilog präsentiert einen recht windigen Psychiater, der Normans Schizophrenie aus dem Stegreif diagnostiziert. Dann schneidet Hitchcock um auf den jungen Mörder, der, überwältigt von seinem zweiten Ich, steif, gefährlich lächelnd auf der Gefängnispritsche kauert, und wir hören ihn mit der Stimme seiner Mutter denken: »Sie beobachten mich – sollen sie. Sie werden sehen, was für ein Mensch ich bin. Ich werde noch nicht einmal nach dieser Fliege schlagen!« Der Film endet mit einer genialen Dreifachblende: Anthony Perkins' dem Wahnsinn verfallenes Gesicht verwandelt sich in den augenlosen Schädel »Mutters«, und beide »beobachten«, wie Marions Auto aus dem Sumpf geborgen wird.

Ist Norman Bates überhaupt ein Schurke? Seine Taten erlauben, ihn etwas viel Schlimmeres zu nennen, einen Unhold, ein Ungeheuer, eine reißende Bestie, und die Inszenierung legt nahe, ihm alles Menschliche abzusprechen. Vögel, präparierte, sind seine einzigen Freunde, er blickt um sich, zuckt, knabbert an Maisbonbons wie eine nervöse Elster, und bei der ersten und säkular furchterregenden Mordsequenz, dem Attentat in der Dusche, begleiten ihn Herrmanns dissonante Streicherakkorde gleich imitiertem Falkengekrächz. Bates, der Vogelmensch, und sein Messerschnabel durchwalten Bilder und Symbolik von *Psycho* bereits, als wir das Böse erst ahnen können: Der Nachname der tragischen Heldin heißt übersetzt »Kranich«, sie stammt aus der Stadt des mythischen Vogels Phönix; die »Basisgeometrie« (Hitchcock) des Films besteht von der ersten Szene an aus harten Horizontalen und Vertikalen, welche die Einstellungen »zerschneiden« wie Bates seine Opfer – »am deutlichsten«, schreibt Donald Spoto in *Alfred Hitchcock – Die dunkle Seite des Genies* (Hamburg 1984), »in dem Bild des langgestreckten Motels und des darüber sich neigenden hochgestreckten Hauses«. Marion läuft sehenden Auges, aber auf ihre Art so blind wie »Mutters« Mumie, ins Verderben.

Bates ist der erste und bis heute beeindruckendste Vertreter jener menschlichen Leinwandmonstren, die ohne ein »rationales«, irgend nachvollziehbares Motiv morden. Zunächst höchst liebenswürdig eingeführt (Anthony Perkins war nie wieder so präsent und präzis wie in *Psycho*), explodiert Normans Gewalttätigkeit völlig unvermittelt, er verwandelt die ganze Welt in ein Marsfeld seiner Obsession. Des eigenen Körpers ungewiß, manipuliert Norman Bates zwanghaft fremdes Fleisch: Er stopft Tiere aus, sogar die eigene Mutter, und pervertiert den Geschlechtsakt zu einer Orgie der Gewalt. Die sexuelle Konnotation der Duschmordszene wirkte 1960 derart eklatant, daß eine britische Rezensentin *Psycho* als das Werk eines »barbarischen Feingeistes« verdammte. »Wer weiß«, erwiderte Hitchcock, »sie mag ja recht haben.«

Von den Fortsetzungen und erst recht dem Remake, die der Film in den 80er und 90er Jahren erdulden mußte, sei hier geschwiegen. Nicht aus Gnade, sondern aufrichtiger Verachtung.

Psycho
USA 1960; R: Alfred Hitchcock; Db: Joseph Stefano; D: Anthony Perkins (Norman Bates), Janet Leigh (Marion Crane), Vera Miles (Lila Crane), John Gavin (Sam Loomis).

KLAUS DIMMLER

Dr. Noah hält die Welt in Atem!
James Bond im Kampf gegen Ober- und Unterschurken

Der Mittelpunkt jedes James-Bond-Filmes ist der Bösewicht. Dank ihm muß Bond unentwegt um die Welt jetten, ständig Frauen verführen und die neuesten technischen Gadgets ausprobieren. Natürlich würde er dies ohnehin tun, aber Bonds jeweiliger Gegner verhindert ein Erstarren in trostloser Monotonie, schafft neue Herausforderungen und den Zwang, in Bewegung zu bleiben, rastlos von Abenteuer zu Abenteuer zu eilen. Am Anfang ist der Schurke. Die sich in allen Bond-Filmen in den Grundelementen wiederholende Handlung wird durch seine Gestalt variiert.

Dabei treffen sich Freund wie Feind in der Kritik an Bonds »Zerstörungswut«. Q, der Waffenmeister des britischen Geheimdienstes, ermahnt ihn stets, wenn er ihm seine Ausrüstung aushändigt, pfleglich damit umzugehen; was nie geschieht, denn alles muß ohne Rücksicht eingesetzt werden, um den Kampf zu gewinnen. Am Ende steht zumeist der Showdown im hochtechnisierten Hauptquartier des Bösewichts. Und so, wie 007 die Spielsachen seines »guten Onkels« Q vernichtet, demoliert er auch die seines Gegners (Kingsley Amis spricht in seinem *James Bond Dossier* von einem Vater/Sohn-Szenario; in jeder Begegnung zwischen Bond und seinem Widersacher würde letzterer den »bösen Jungen« für seinen »Ungehorsam« bestrafen wollen).

Bond hat es jedoch nicht nur jeweils mit einem Schurken zu tun. Neben Heerscharen von Fußsoldaten, die er auf seiner Mission beseitigen muß, stehen ihm am Ende immer zwei Kontrahenten gegenüber – der Oberschurke und dessen Faktotum für »grobe« Arbeiten, der Unterschurke Nr. 1. Leicht zu erkennen sind sie aber fast alle, Schurken haben keinen Stil, mogeln beim Kartenspiel oder bestellen den falschen Wein zum Fisch. Außerdem sind sie meistens Deutsche oder Ost- bzw. Südosteuropäer. Blofeld, der Kopf der Verbrecherorganisation SPECTRE (»Geist«, »Gespenst«, Abkürzung aus »The Special Executive for Counterintelligence, Terrorism, Revenge, and Extortion«) und Gegner Bonds in mehreren Filmen (dabei bleibt Blofeld meist »unsichtbar« und ist nur an seiner weißen Katze zu erkennen), benutzt auch gern Hochlandtürken, denn die »Türken aus der Ebene taugen nichts«, so sein Credo. Allerdings werden selbst verdienstvollste Mitarbeiter rücksichtslos bestraft. Der kleinste Fehler wird mit Exitus geahndet. Die Organisation muß schließlich perfekt sein. Verdächtig macht sich in den Augen Bonds natürlich auch, wer häßlich ist, zu groß ist (wie Jaws, der Beißer, ein weit über zwei Meter messendes Ungeheuer mit einem Stahlgebiß, das in *Der Spion, der mich liebte* und *Moonraker* auftritt) oder zu klein ist (wie Schnickschnack in *Der Mann mit dem goldenen Colt*, der immer die goldene Pistole seines Herrn, des Profikillers Francisco Scaramanga, aus Trainingszwecken versteckt; Scaramanga muß die Waffe finden, bevor ihm ein eigens angeheuerter Killer zuvorkommt). Jede Abnormität ist

James Bond – Der Spion, der mich liebte
Richard Kiel

ein kaum trügliches Zeichen. Dr. No hat natürlich Metall-
hände, die wie schwarze Handschuhe aussehen. Aber
auch ein übermäßiger Redefluß bzw. Sprachlosigkeit ist
gleichfalls des Schurken Eigenart. Der Oberschurke als
großer Projektemacher und Initiator läßt es sich nicht
nehmen, seinen Plan früher oder später äußerst beredt
Bond darzulegen. Ein Prediger könnte es nicht besser
machen. Auric (nach lat. aurum: Gold) Goldfinger plant,
die amerikanischen Goldvorräte in Fort Knox mit einer
Atombombe für die nächsten Jahrzehnte radioaktiv zu
verseuchen. Damit würde er dank seiner eigenen reich-
lichen Bestände ein Quasi-Monopol besitzen. Sir Hugo
Drax will in *Moonraker* alles menschliche Leben auf der
Erde vernichten und eine neue Generation perfekter
Übermenschen züchten, die mit ihm in seiner Raumstation leben. Ähnliches hat auch Karl Stromberg in *Der
Spion, der mich liebte* vor. Allerdings gilt seine Neigung dem
Meer. Atlantis, eine Unterwasserstadt, soll die wenigen
Überlebenden aufnehmen. Sie alle erläutern Bond aus-
führlich ihre obskuren Vorhaben. Einzig Scaramangas
eigentliches Ziel ist etwas anders. Er sendet Bond eine
goldene Kugel, sein Markenzeichen, auf der »007« ein-
graviert ist. Das bedeutet, daß er Bond töten will. Für
Scaramanga geht es darum, der Beste zu sein, und nur ein
Duell mit Bond kann diese Frage klären. Im Gegensatz zu
ihren Herren sprechen die Unterschurken fast nie. Oddjob, Goldfingers koreanische Tötungsmaschine, gibt nur
unverständliche Laute von sich. Auch Jaws spricht nur
durch seine Mimik. Da er außerdem seine Opfer gerne
durch einen Biß in den Nacken tötet, ist er kaum noch als
Mensch zu bezeichnen.

Daß Bond nicht getötet wird, wenn er in der Gewalt
seines Gegenspielers ist, könnte zwar einfach als dra-
maturgische Notwendigkeit angesehen werden. Denn,
würde Bond sterben, wäre der Film zu Ende. Doch es
ist gerade die große Schwäche eines jeden Schurken,
die Bonds Tötung verhindert – seine Eitelkeit. Er will
sich sonnen in seiner Macht, sich brüsten vor Bond.

James Bond ist schließlich der einzige Kontrahent, der Hauptfeind, der nicht einfach eliminiert werden darf. Sein Tod muß etwas Besonderes sein. Dies schafft die kleine Atempause, die Bond ausreicht, um das Blatt zu wenden. Sogar Goldfinger, der auf die Frage des auf einem Tisch festgeschnallten Bond – gleich wird ihn ein Laser entzweischneiden –, »Erwarten Sie, daß ich rede?«, zunächst antwortet: »Ich erwarte von Ihnen, daß Sie sterben, Mr. Bond!«, überlegt es sich anders und nimmt Bond mit sich. 007 seinerseits zögert nie. Sogleich geht er an die Aufgabe, die Frau an der Seite des Schurken zur eigenen Verbündeten zu machen. Und, wenn gar nichts mehr hilft, den Unterschurken für sich zu gewinnen. Schon Oddjob konnte selbst durch einen an seine Brust geworfenen Goldbarren nicht erschüttert werden, erst Starkstrom brachte ihn zur Strecke. Jaws schließlich ist schlechthin unzerstörbar. Wie eine Comicfigur kann er nicht verletzt und erst recht nicht getötet werden. Nicht einmal ein Hai wird ihm gefährlich. Einzige Rettungsmöglichkeit: In *Moonraker* macht Bond ihm klar, daß er Drax' Züchtungsprogramm gleichfalls nicht überleben würde. Jaws wechselt die Seiten, wendet sich gegen Drax und sorgt für ein positives Ende.

Trotzdem ist die Welt nicht mehr das, was sie einmal war. In *Die Welt ist nicht genug* ist es die Frau, die Bond eigentlich beschützen soll, die mit dem fanatischen Terroristen Renard gemeinsame Sache macht. Renard ist durch ein Projektil in seinem Kopf nicht nur schmerzunempfindlich, sondern auch zu keinerlei anderen Gefühlen fähig. Zwar gab es schon vorher immer wieder weibliche Schurken, wie Rosa Klebb in *Liebesgrüße aus Moskau*, Irma Bunt in *Im Geheimdienst Ihrer Majestät* oder Fatima Blush in *Sag niemals nie*, doch erst Elektra King ist nicht nur Mitläuferin, sondern Initiatorin. Sie ist bereit, Bond auf eigene Rechnung zu töten.

In schöner Ordnung scheint daher alles lediglich noch in einer Raumstation zu sein. In der Episode *Unser Mann Bashir* der Serie *Star Trek – Deep Space Nine* spielt der Arzt der Raumstation, Dr. Julian Bashir, in seiner Freizeit in der Holosuite (ein Raum, in dem holographisch jede gewünschte Welt simuliert werden kann) einen Geheimagenten des Jahres 1964. Durch einen Sabotageakt müssen beim »Beamen« die Transporterdaten einiger Besatzungsmitglieder wo irgend möglich gespeichert werden. Dabei landen die »Gehirnmuster« in den Stationscomputern, die physischen Daten gehen in das Programm des Doktors ein und werden zu Spielfiguren – richtiger Körper, falsches Bewußtsein –, die Freunde und Feinde darstellen. Dr. Bashir muß die Geschichte zu Ende spielen, ohne jemanden in der Simulation zu »töten«, da sonst die Figur gelöscht würde und dadurch, falls es sich um eines der Besatzungsmitglieder handelt, dieses real tot wäre. So bleibt ihm nichts übrig, als schließlich seinen Gegner Dr. Hippocratus Noah gewinnen zu lassen. (Dr. Noah, gespielt von Woody Allen, hieß auch einer der Schurken in der Bond-Parodie *Casino Royale*, hinter dem sich Jimmy Bond, der Neffe von James Bond, verbirgt, um Rache an seinem Onkel zu nehmen. Sein Ziel ist es, ein Virus freizusetzen, das alle Frauen schön und alle Männer kleiner macht, als er selbst ist.) Dessen Plan ist es, mittels gigantischer Laser die Erdkruste zu durchbohren und so aufgrund der entweichenden Lava die Kontinentalplatten abzusenken. Mr. Bashir betätigt selbst den auslösenden Mechanismus. Es geschieht. Alles Land wird vom Meer überflutet, bis auf ein kleines Stück rund um den Mount Everest, wo sich Dr. Noahs Stützpunkt befindet. Dort hat er ausgewählte Personen um sich geschart, um seine schöne neue Welt entstehen zu lassen. Konsterniert nimmt er nun seinen Sieg zur Kenntnis und kommentiert: »Irgendwie hatte ich nicht erwartet zu gewinnen.« Deshalb will er jetzt Bashir töten. Ein Schurke kann nicht anders. In diesem Moment gelingt es, die Daten aus der Simulation zu holen und die Besatzungsmitglieder zu rematerialisieren. Und Mr. Julian Bashir, Geheimagent Ihrer Majestät, kann wiederkehren, im Kampf gegen einen neuen Erz- und Urschurken.

Erwähnte Filme, chronologisch:

James Bond jagt Dr. No
(Dr. No)
GB 1962; R: Terence Young; Db: Richard Maibaum, Johanna Harwood, Berkley Mather; D: Sean Connery (James Bond), Joseph Wiseman (Dr. No), Ursula Andress (Honey Ryder), Bernard Lee (M), Lois Maxwell (Miss Moneypenny).

Liebesgrüße aus Moskau
(From Russia With Love)
GB 1963; R: Terence Young; Db: Richard Maibaum, Johanna Harwood; D: Sean Connery (James Bond), Daniela Bianchi (Tatjana Romanowa), Lotte Lenya (Rosa Klebb), Bernard Lee (M), Lois Maxwell (Miss Moneypenny).

Goldfinger
GB 1964; R: Guy Hamilton; Db: Richard Maibaum, Paul Dehn; D: Sean Connery (James Bond), Gert Fröbe (Auric Goldfinger), Honor Blackman (Pussy Galore), Harold Sakata (Oddjob), Bernard Lee (M), Lois Maxwell (Miss Moneypenny), Desmond Llewelyn (Q).

Casino Royale
GB 1967; R: John Huston, Ken Hughes, Val Guest, Robert Parrish, Joseph McGrath; Db: Wolf Mankowitz, John Law, Michael Sayers; D: David Niven (Sir James Bond), Orson Welles (Le Chiffre), Woody Allen (Bonds Neffe Jimmy/Dr. Noah), Joanna Pettet (Bonds Tochter Mata Bond).

Im Geheimdienst Ihrer Majestät
(On Her Majesty's Secret Service)
GB 1969; R: Peter Hunt; Db: Richard Maibaum; D: George Lazenby (James Bond), Telly Savalas (Ernst Stavro Blofeld), Diana Rigg (Teresa di Vicenzo), Ilse Steppat (Irma Bunt), Bernard Lee (M), Lois Maxwell (Miss Moneypenny), Desmond Llewelyn (Q).

Der Mann mit dem goldenen Colt
(The Man With The Golden Gun)
GB 1974; R: Guy Hamilton; Db: Richard Maibaum, Tom Mankiewicz; D: Roger Moore (James Bond), Christopher Lee (Francisco Scaramanga), Herve Villechaize (Schnick-schnack), Britt Eklund (Mary Goodnight), Maud Addams (Andrea Anders), Bernard Lee (M), Lois Maxwell (Miss Moneypenny), Desmond Llewelyn (Q).

Der Spion, der mich liebte
(The Spy Who Loved Me)
GB 1977; R: Lewis Gilbert; Db: Christopher Wood, Richard Maibaum; D: Roger Moore (James Bond), Curd Jürgens (Karl Stromberg), Barbara Bach (Major Anya Amasova), Richard Kiel (Jaws), Bernard Lee (M), Lois Maxwell (Miss Moneypenny), Desmond Llewelyn (Q).

Moonraker
GB 1979; R: Lewis Gilbert; Db: Christopher Wood; D: Roger Moore (James Bond), Michael Lonsdale (Sir Hugo Drax), Lois Chiles (Dr. Holly Goodhead), Richard Kiel (Jaws), Bernard Lee (M), Lois Maxwell (Miss Moneypenny), Desmond Llewelyn (Q).

Sag niemals nie
(Never Say Never Again)
USA 1982/83; R: Irvin Kershner; Db: Lorenzo Semple jr.; D: Sean Connery (James Bond), Klaus Maria Brandauer (Maximilian Largo), Max von Sydow (Ernst Stavro Blofeld), Barbara Carrera (Fatima Blush), Kim Basinger (Domino Vitali).

Star Trek – Deep Space Nine, Episode 82: Unser Mann Bashir
(Star Trek – Deep Space Nine, Episode 82: Our Man Bashir)
USA 1995; R: Winrich Kolbe; Db: Ronald D. Moore; D: Avery Brooks (Capt. Sisko/Dr. Hippocratus Noah), Michael Dorn (Lt. Commander Worf), Terry Farrell (Lt. Commander Dax), Nana Visitor (Major Kira), Colm Meaney (Chief O'Brien), Alexander Siddig (Dr. Julian Bashir), Andrew Robinson (Garak).

Die Welt ist nicht genug
(The World Is Not Enough)
GB 1999; R: Michael Apted; Db: Bruce Feirstein, Neal Purvis, Robert Wade; D: Pierce Brosnan (James Bond), Sophie Marceau (Elektra King), Denise Richards (Dr. Christmas Jones), Robert Carlyle (Renard), Judi Dench (M), Desmond Llewelyn (Q), John Cleese (R), Samantha Bond (Miss Moneypenny), Claude-Oliver Rudolph (Colonel Akakievich), Robbie Coltrane (Valentin Dmitrovich Zukovsky).

MICHAEL RUDOLF

Fantomas!

Paris in den frühen 60ern: Ein distinguiertes Paar mittleren Alters tätigt einen Juwelenkauf. Der Herr würdigt die Steine kaum eines Blickes, kauft sozusagen ohne Ansicht. Die Summe: 5 500 000 neue Franc. Der Scheck wird vor Ort ausgestellt. »Nein, danke, wir nehmen die Ware gleich mit.« Kaum sitzt das obskure Paar in seiner Limo, kaum will sich der Händler über das exorbitante Geschäft in den Arm kneifen, verschwindet die magische Tinte vom Scheck.

Tja, Juwelenkrämer, reingefallen.

Dieserart verfährt Fantomas – denn niemand anderes verbirgt sich hinter dem vornehmen Käufer in Damenbegleitung, der hier unter dem Namen und der Identität von Lord Shelton auftritt.

Die Öffentlichkeit ist wie immer bestürzt. Der Polizeichef Juve, gespielt von Louis de Funès, versucht eloquent zu beschwichtigen.

Zur gleichen Zeit werten einige junge Journalisten im

Café die neuesten Schlagzeilen aus. Der joviale Protagonist, gespielt von Jean Marais, liest unter dem Jubel der Kollegen seinen Aufmacher vor: Fantomas als Popanz. Beargwöhnt lediglich vom obligatorischen Blondinendummchen, seiner Freundin. Ausgerechnet ihr wird der die Fabel initiierende Satz in den Mund gelegt – ihr einziger von Belang in diesem Film: »Wenn es diesen Fantomas nicht geben würde, könnte man ihn doch erfinden.« Genau das machen nun Marais und seine Wasserstoffmaus: Sie faken ein Fantomas-Interview. Stimmungsvoll auf dem Friedhof zum Sonnenuntergang. – Paris steht kopf.

Auch im »Kopf« von Fantomas laufen Turbulenzen ab. Er läßt diesen frechen Journalisten entführen.

Ein ähnlicher Schuß durchblitzt auch Juves Kopf: Nur hält er das Interview für echt und glaubt, die Observation des Journalisten führe ihn unweigerlich zum Superverbrecher selbst. Zu dumm, daß er sich als Verkleidung ausgerechnet ein Clochard-Outfit erwählt hat und nächtens von Polizisten aufgegriffen wird. Hat sich was mit Observation.

Währenddessen erwacht Marais in den unheiligen Hallen des Fantomas, die, das versteht sich ja wohl von selbst, ganz gewiß unterirdisch sind und von Gewölbekonstruktionen ungewisser architektonischer Provenienz gestützt werden. Es fehlen weder ein Riesenspiegel mit barockem Rollwerkrahmen noch geheimnisvolle Truhen, noch ein alles beherrschendes Grau, um den gruftigen Eindruck zu zementieren. Eine Kirchenorgel wie von Rick Wakeman und Keith Emerson gleichzeitig geschmettert, kündigt das Erscheinen von Fantomas an: mechanisch einherschreitend, komplett in Schwarz mit einer hellblauen Gummimaske über dem Kopf. Fantomas ist außer sich, soweit diese Formulierung bei ihm überhaupt greifen kann: Er fühlt sich durch das Fake-Interview lächerlich gemacht. Er klagt darüber, als »gemeingefährlicher Irrer«, »finsterer Bösewicht« und »schwarzer Mann« bezeichnet zu werden. Er verlangt innerhalb von

48 Stunden einen Widerruf. Warum? Will sich der Super-verbrecher etwa beliebt machen? Wir werden es nie er-fahren.

Mit knappen und herrischen Bemerkungen umreißt er sein Weltbild: »Die Menschheit, was für ein spaßiges und amüsantes Marionettentheater!« Darum präferiere er »Verbrechen gegen die Menschlichkeit«. Da haben wir ihn also. Ein Komprimat aller Boshaftigkeiten, welche die Drehbuchautoren Jean Halain und Pierre Foucaud 1964 zu phantomisieren vermochten. Aber das Komprimat bleibt ein Mann ohne Gesicht. Oder besser ein Mann mit hundert Gesichtern. Denn Fantomas kann selbstver-ständlich zaubern, die Haut seiner künftigen Opfer nach-basteln und mit deren Stimme plus Fingerabdruckhand-schuhen fahndungstaugliche Identitäten ausborgen. Ihm zur Hand gehen zu allem bereite Schergen, ebenfalls in Schwarz. Außerdem duzt er alle und läßt sich siezen. Da-mit hier die Verhältnisse klar sind! Und er brennt Marais ein Riesen-F für Fantomas aufs Brusthaartoupet.

Mit dem F und einer Beule am Kopf erwacht Marais am nächsten Tag wie aus einem Alptraum, wird vom inzwi-schen wieder freigelassenen Kommissar Juve aber sofort eingelocht und verhört. Spätestens hier stellen wir uns eine Handvoll peinliche Fragen nach den schauspieleri-schen Meriten von Jean Marais. Man hätte ebensogut ei-nen Holzkasten hinsetzen können oder den frühen Jo-hannes Rau. In uns keimt ferner der Verdacht auf, er sei lediglich eine ulkig gemeinte Kopie von James Bond. Un-terdessen erledigt Marais' Chef den Widerruf auf der er-sten Seite des *Le Point du Jour*. Nur nicht so, wie Fantomas das gewünscht haben dürfte. Kurz nach seiner Freilas-sung befindet sich Marais gleich wieder in den Klauen des Finsterlings. Denn dessen Geduld ist am Ende. Jetzt er-fahren wir endlich ein wenig mehr über seine ultrabösen Absichten: Einen vollkommenen Menschen will er kon-struieren. Warum? Darum vielleicht. Und weil das alle wirklich großen Bösewichter tun. Aber er bräuchte Ma-rais' Hirn dafür.

Zum Beweis, daß mit ihm nicht zu spaßen sei, und um ihm den Abschied von dieser Welt zu erleichtern, schlüpft er in Marais' Haut, um als blutrünstiges Monstrum in dessen Namen die »aufsehenerregendsten Verbrechen« zu begehen. Nun ja, es bleibt bei einem dreisten Edelsteinraub: »Kommissar Juve fordert Fantomas heraus. Wird das Monster es wagen, die von Pariser Juwelieren auf der Terrasse Martini ausgestellte Diamantenkollektion zu rauben?« titeln die Gazetten. Natürlich wagt Fantomas es. Und er gewinnt. Juve ist bis auf die Knochen blamiert. Ein Fakt, der aber dadurch abgemildert wird, daß de Funès zunehmend seiner Zweitrolle als Komiker den Vorzug gibt.

Marais muß dies alles in seinem Katakombengefängnis per Monitor tatenlos mit anschauen. »Fotozellen und ein Elektrogehirn« verhindern die Flucht. Außerdem wären da noch die Wächter. Und ein Lollobrigida-Lookalike namens Lady Beltham, die sich Fantomas standesgemäß als Mätresse hält und die das Haus zu hüten bevollmächtigt sei. Was er nicht sehen kann, ist, daß auch sein Dummchen entführt worden ist. Mit ihr will Fantomas in Marais' Gestalt sexuell an seinem Widersacher Rache nehmen. Unter den Einfluß einer teuflischen Wunderdroge hat er sie schon gesetzt. »Ich liebe die Blumen des Bösen. Aber auch die Blumen der Romantik haben ihren Reiz«, doziert er.

Als nächstes ist erst mal Juve dran. Fantomas raubt, als Juve maskiert, ein Spielkasino aus und macht viele andere schlimme Dinge. Wie immer perfekt. Prompt identifizieren die Beraubten Kommissar Juve als Täter. Diesen Plagegeist wäre er also los.

Lady Beltham läßt inzwischen aus Eifersuchtsgründen das gekidnappte Paar frei, nicht ohne vorher das Fluchtauto ordentlich präpariert zu haben. »Die alte Kuh hat die Bremsen kaputtgemacht« und »Runterschalten geht auch nicht. Sie hat auch am Getriebe rumgemacht«, lauten Marais' Kommentare unter dem enervierenden Gekreische der Gelbhaarigen, während beide vier Minuten lang eine abschüssige Straße in Richtung Küste brettern, mal vorwärts, mal rückwärts, auch das Chassis einbüßen, bis sie glücklicherweise unbeschadet in einem Hühnerhof landen.

Marais landet postwendend in der gleichen Zelle wie Juve. Den an dessen Stelle ermittelnden Hilfspolizisten ist noch nicht eindeutig klargeworden, warum sie jetzt 2 Fantomase gefangenhalten. Aber egal. Denn schon ist der originale Fantomas wieder am Drücker und befreit Marais und Juve mit der lapidaren Begründung, zwei Hirne seien besser als eines.

Der Rest der Handlung transzendiert in eine ausgedehnte Verfolgungsjagd, die kaum eine Turbulenz ausläßt, nachdem sich die beiden Herren wieder aus der Gewalt von Fantomas befreien konnten. Auto, Motorrad, Dampflok, Fantomas kann einfach alles steuern – übrigens immer noch in der recht dämlich anmutenden Verkleidung eines Gefängniswärters. Das Blondinchen verfolgt die Hatz aus einem Helikopter und ist auch brav zur Stelle, als Fantomas Juve und Marais an der Küste wieder einmal clever abgehängt hat. Denn dort hatte, ist ja klar, schon ein Motorboot auf Fantomas gewartet. Kurs vorerst unbekannt. »Das ist Großraumregie! Der denkt an alles, der Mann!« entfährt es Marais, denn es gelingt dem Mega-Bösewicht, der vorübergehend alle Frankenstein-Pläne aufgegeben hat, überraschend mit einem Unterseeboot abzutauchen. Nicht ohne vorher seinen Originalzustand mit der tollen blauen Maske wiederherzustellen.

»Das ist noch lange nicht das Ende. Wir sehen uns wieder, Fantomas. Und dann wirst du mir nicht entkommen. Und dann wartet ein schreckliches Ende auf dich!« schreit ihm Kommissar Juve wohl mehr sich selbst beschwörend hinterher. Interessanterweise ist Lady Beltham im U-Boot wieder an der Seite des Erzschurken. Daraus wird man nicht ganz schlau. Aber schlau geworden sind wir aus Fantomas ja vorher auch nicht. Er bleibt im wahrsten Sinn des Wortes ungreifbar. Wie ein Phantom eben.

Fantomas
Frankreich/Italien 1964; R: André Hunebelle; Db: Jean
Halain, Pierre Foucaud; D: Jean Marais (Fandor/Fanto-
mas), Louis de Funès (Juve), Mylène Demongeot
(Hélène).

MARGIT HÄHNER

Hier spricht Edgar Wallace!

Der Hexer

Der Film entführt uns nach London. Genauer gesagt in
eine Anwaltskanzlei. Obwohl der Abend schon fortge-
schritten ist, sitzt die attraktive Sekretärin noch arbeitsam
am Schreibtisch. Wir ahnen nichts Gutes. Und schon
nähern sich wie zur Bestätigung ein paar blitzblankpo-
lierte spitze Herrenschuhe lautlos der nichtsahnenden
Büroangestellten. Diese Schuhe haben Übles im Sinn, das
sieht man ihnen an. Und in der Tat, zack, aus ist's mit der
schönen Vorzimmerdame, ihre Leiche taucht etwas später in der Themse auf. So weit, so böse. Klar ist auch, hinter dem Mord steckt ihr Chef, der fiese, feiste Rechtsan-
walt; um das zu wissen, muß man nur einen Blick auf den
Kerl werfen. Da kann er noch so sehr Clubmitglied sein.
Abstoßend, einfach widerwärtig! Der klassische Mädchenhändler! Hinter dieses kleine einträgliche Nebenge-
schäft ist die Sekretärin gekommen – und deshalb: siehe
oben. Als nächstes tritt Joachim »Blacky« Fuchsberger
auf den Plan. Als Scotland-Yard-Inspektor teilt er dem
miesen Advokaten unverhohlen schadenfroh mit, die ge-
meuchelte Sekretärin sei die Schwester des Hexers gewesen. Der Bösewicht erbleicht. Das hat er nicht gewußt.
Jetzt hat er den Schlamassel. DER HEXER!!!

Exkurs: Wer ist der Hexer?

Der Hexer ist eine äußerst mysteriöse Person. Er hat es sich zur Aufgabe gemacht, Verbrecher für ihre Untaten büßen zu lassen. Er sorgt privat für Gerechtigkeit. Daß er damit mit geltendem Recht in Konflikt gerät, liegt in der Natur der Sache. (Und daß Recht und Gerechtigkeit beileibe nicht unbedingt identisch sein müssen, kann jeder Jurist bestätigen.) Ohne viel Federlesens befördert er zum Beispiel als selbsternannter Richter und Henker (Selbstjustiz!) Mörder ins Jenseits und wird damit selbst zum Mörder. Auch in einem England, in dem auf Mord die Todesstrafe stand, eine zweifelhafte moralische Position. Bestenfalls kann man dem Mann eine alttestamentarische Haltung (Auge um Auge, Zahn um Zahn) bescheinigen.

Aber jetzt still, es wird spannend. Wer von den Versammelten ist eigentlich der Hexer? Seine Frau taucht auf, eine ansehnliche Blondine. Überhaupt sind alle Frauen in dem Film attraktive Weiber. Und sie tragen diese gefährlich aussehenden Spitztüten-BHs der frühen 60er. Wenigstens ist aber kein Silikon drin. Außerdem fahren sie auf Blacky Fuchsberger ab. Eddi Arent hat sich als Butler bei dem fetten Anwalt eingeschlichen. Aber Eddi Arent kann nicht der Hexer sein, er spielt doch immer die komischen Rollen, darauf ist Verlaß. Und Heinz Drache kann's auch nicht sein, unmöglich, der spielt doch immer die Guten. Andererseits gibt Blacky Fuchsberger schon den aufrechten Inspektor. Und Heinz Drache benimmt sich verdächtig geheimnisvoll, das muß man zugeben. Und er taucht immer just da auf, wo gerade ein Racheakt des Hexers stattfindet. Der richtet gnadenlos die Mädchenhändlerbande, die seine Schwester auf dem Gewissen hat; einen nach dem anderen erwischt's. Aber Heinz Drache als Mörder? Wenn auch im Dienste der Gerechtigkeit? Nein, das kann einfach nicht sein. Andererseits, man weiß es nicht; auch Klaus Kinski ist nicht immer zwangsläufig der Mörder. Da hatte ich ihn doch noch so gut in Erinnerung, mit wahnsinnigem Blick in den Augen und indischem

Tuch in den Händen. Aber er war es dann gar nicht, es war der genauso irre blickende junge Hans Clarin, der mit dem Seidentüchlein die Sippe ausrottete. So kann die Erinnerung sich täuschen. Und meine Güte, was war das damals gruselig, Anfang der 70er. Als unsere Vorstellung von Fernsehhorror noch in Eduard Zimmermanns *Aktenzeichen XY ungelöst* gipfelte. In der Schule haben wir diese rot-schwarzen Taschentücher untereinander ausgetauscht, eine Edgar-Wallace-Welle hatte uns erfaßt.

Blacky Fuchsberger findet den Hexer einfach nicht. Er findet nur seine Opfer. Und Heinz Drache – denn der ist auch immer zur Stelle. Blacky Fuchsberger verdächtigt ihn auch, das merkt man ganz genau. Aber ich weiß nicht, er ist doch viel zu nett. Der eklige Anwalt wird immer nervöser, je mehr seiner Kumpane es erwischt. Recht geschieht ihm. Ich ertappe mich dabei, mit dem Hexer zu sympathisieren. Bei dem grünen Bogenschützen ist das ähnlich. Als der Gert Fröbe erlegt, kommt auch kein Mitgefühl auf. Nicht mal ein Hauch Mißbilligung ob des offensichtlichen Rechtsbruchs. Mr. Wallace bringt mich in einen schwierigen moralischen Konflikt. Ob das womöglich seine Absicht war? Wollte er vorführen, daß das mit der Unterscheidung von gut und böse gar nicht so einfach ist? Weil die Gemeuchelten natürlich die wahren gewissenlosen Schurken sind. Und ist Heinz Drache deshalb vielleicht doch der Hexer? Und hat Patricia Highsmith heimlich Edgar-Wallace-Schmöker gelesen, bevor sie ihren Tom Ripley erschuf? Fragen über Fragen. Bevor man ins Grübeln gerät, verliert sich der moralische Diskurs allerdings in den wabernden Londoner Nebelschwaden, in dem schwarz dahinplätschernden Wasser der Themse, in alten Gemäuern mit Geheimtüren, Geheimgängen, Geheimgelassen. Oh, merry old England, daß du uns zum wohligen Gruseln den Schauerroman erfandest!

Den feisten Anwalt hat's erwischt. Jawoll! Kein Mitleid mit dem Kerl. Ich habe Blacky Fuchsberger im Verdacht, auch heimlich mit dem Hexer zu sympathisieren, obwohl er das als aufrechter und gewissenhafter Scotland-Yard-

Inspektor niemals zugeben würde. Dann der Showdown. Alle sind versammelt. Heinz Drache ist natürlich nicht der Hexer, er ist – Erleichterung kommt auf – doch einer von den richtig Guten, ein australischer Inspektor nämlich, der dem Hexer nach England gefolgt ist. Aber wer kann's denn noch sein, die Identität aller anderen steht fest. Sollte es doch Eddi Arent sein? Nein, wirklich, das wäre zu absurd. Und dann steht plötzlich ein Mann zweimal im Zimmer. Einer der Guten! Klar, das ist's, daß wir da nicht früher drauf gekommen sind, der Hexer hat sich natürlich verkleidet, mit einer dieser Supergummimasken, die man nur übers Gesicht ziehen muß, und schon ist man ein anderer. Diese Masken, die Schurken der Spitzenklasse immer wieder gerne benutzen, sind so täuschend echt, daß kein Mensch, nicht mal der schlaue Blacky Fuchsberger, merkt, daß es nur Gummi ist. Was für ein alarmierender Gedanke! Wer weiß, wer alles nicht echt ist. Ist Gerhard Schröder echt? Was ist mit Reinhold Messner und Ulrich Wickert und Hellmuth Karasek? Sind meine Freunde echt? Oder auch nur verkleidet? Soll ich Rainer mal versuchsweise am Dreitagebart zupfen? Heiner in die Wange kneifen? Vor allem aber: Was sagt uns das? Der Schein trügt, hinter der Maske lauert das wahre Gesicht. Schon wieder so eine allgemeinphilosophische Betrachtung. Er hat's eben in sich, der alte Mr. Wallace! Und den Hexer läßt er in einem furiosen Durcheinander samt Gattin und Eddi Arent (Hexergehilfe, immerhin, Hut ab!) auch entkommen. Der Arm des Gesetzes hat keine Chance zuzugreifen. Besonders zerknirscht scheint er darob nicht zu sein. Ich auch nicht, denn: Sonst gäbe es ja auch nichts Neues vom Hexer.

Der Hexer
BRD 1964; R: Alfred Vohrer; Db: Herbert Reinecker, Harald G. Petersson; D: Heinz Drache (Wesby), Joachim Fuchsberger (Inspektor Higgins), Siegfried Lowitz (Warren), Sophie Hardy (Elise), Margot Trooger (Cora Ann Milton), Eddi Arent (Finch).

Neues vom Hexer
BRD 1965; R: Alfred Vohrer; Db: Herbert Reinecker;
D: Heinz Drache (Wesby), Barbara Rütting (Margie Fiel-
ding), Brigitte Horney (Lady Aston), Klaus Kinski (Edwards), René Deltgen (Der Hexer).

ROLF-BERNHARD ESSIG

Es ist May, die Schurken fallen –
Santer und der Schut

Schöne Schurken schießen Bisons ohne Not tot. Schöne
Schurken scherzen in Serails mit doppeltem Boden.
Schöne Schurken hausen in Adorf und erschüttern
Schülerherzen. Schöne Schurken heißen Schut und stre-
ben schnell in die Battaglia. Schöne Schurken schmücken
schwarze Schnurrhaare. Schöne Schurken enden un-
schön. Schöne Schurken stürzen tief in Schlucht und
Spalt.

Schwerlich trifft das Schimpfwort »Schurke« irgendwen besser als Karl Mays Figuren Schut und Santer, die
ori-okzidentalen Brüder in Geist und Tat. Beide kennen
keine Skrupel, kein schlechtes Gewissen noch Reue,
keine Gnade oder Grenzen ihrer Gier. Beide morden mit
leichter Hand und sogar mit Lust, opfern Spießgesellen
kaltlächelnd, foltern und schlagen bei Gelegenheit selbst
zu. Dabei sind sie persönlich mutig, gewandte und starke
Gegner, intelligent und ausdauernd, außerdem motivie-
rende Führungspersönlichkeiten. Zu guter Letzt sind sie
zynisch und (s. o.) ach so schön.

Über sechs Bände – von *Durch die Wüste* bis *Der Schut* –
zieht sich bei Karl May die Aufdeckung eines Raubmor-
des hin, dessen Täter ein Bundesgenosse und Vertrauter

des Schut ist. Tausende von Kilometern folgt Kara Ben Nemsi vom Schott el Dscherid über die Arabische Wüste, Kleinasien und den Balkan dem Mörder. Dessen Zugehörigkeit zu einer mächtigen Verbrecherorganisation führt schließlich auf die Spur des Schut, der als reicher Perser in Rugova wohnt. Äußerlich hält er das Ansehen eines wohlhabenden Pferdehändlers und Gastwirts aufrecht, doch fürchten die Bewohner ihn eher, als daß sie ihn achten. Seine mafiaähnliche Gesellschaft operiert mit geheimen Erkennungszeichen und Geheimschrift, verfügt über geheime Gänge und Kammern, in denen Gefangene gehalten werden, daneben über viel Geld, um die korrupte osmanische Beamtenschaft zu schmieren. Zur Entsorgung der Leichen von Erpressungsopfern (ob Lösegeld gezahlt wurde oder nicht, sterben müssen sie) dient ihnen beispielsweise ein Kohlenmeiler.

Das Entlarven des Schut nach Hunderten von Seiten muß natürlich wie die Figur selbst enttäuschen, weil die Erwartungen sich zu hoch aufgebaut haben. Letztlich läßt er sich vergleichsweise hurtig und en passant überführen, kann sich nur noch einmal kurz als eminent schneller Läufer erweisen und im Schwimmen Kara Ben Nemsi übertreffen, flieht dann freilich, obwohl doch angeblich das ganze Land voll von seinen Spießgesellen steckt. Die gerechte Strafe in der Balkanschlucht trifft ihn schließlich nicht nur wegen seiner Übeltaten an Menschen. Er mißhandelt auf der Flucht sein Pferd, um es zu schnellerem Lauf anzutreiben, weshalb es, toll vor Schmerz, nicht mehr rechtzeitig anhalten kann vor dem Abgrund.

Im Film von 1964 findet das Todesrennen zwischen Kara Ben Nemsi (Lex Barker) und dem Schut (Rik Battaglia) am hellichten Tag statt, im Buch in der Dämmerung; auch sonst läßt sich der Streifen höchstens von Motiven Karl Mays inspirieren. Nur der Bösewicht entspricht ideal dem Klischeeverbrecher des Originals, denn Battaglia gibt einen wunderbaren, einen pracht- und humorvollen Schurken. Was für Zähne, welch gepflegter Bart, wie hinreißend sein Lächeln und energisch seine Bewegungen! Da macht

Lex Barker als steifer Deutscher mit saurer Miene keinen Stich. Fast unerklärlich, warum die junge Tschita (Marie Versini) dem drängenden Werben dieses bezaubernden Dunkelmannes mit erheblichem Charme und dito Barmitteln nicht nachgibt. Der Grund liegt wahrscheinlich darin, daß sie Böseres ahnt. Wie recht ihr sechster Sinn hat, bewies zu ihrem und der ganzen Nation Entsetzen ein Jahr später *Winnetou III*. Schlimmer als Judas und Pilatus zusammen vergeht sich nämlich Rik Battaglia hier an der Deutschen Indianer-Heiland und ermordet Winnetou. Der aber war Marie Versinis Filmbruder, hatte sie doch schon 1963 die Nscho-Tschi gespielt. Als hätte niemand das Buch vorher gelesen, schwamm damals das Kinopublikum in Tränen der Bestürzung und Wut. Leserbriefkampagnen gegen diesen feigen Filmmord brachen los, eine Änderung der Handlung wurde gefordert. Der Hauptdarsteller mußte sich bei der Premiere vor wütenden May-Jüngern verbergen, die den Schurken zur Strecke bringen wollten, und als die Presse verbreitete, daß Winnetou in diesem Film tatsächlich stürbe, blieben die Zuschauer aus. Ein deutsches Herz erträgt nicht soviel Perfidie.

Ähnlich erging es einst dem noch viel schöneren Schurken im besten Westdeutschland-Winnetou-Western, Mario Adorf. Weil er Marie Versini und Intschu-Tschuna erschossen (die stete Vermischung von Rolle und Darsteller ist typisch unter den May-Film-Fans), war er für die Zeit nach dem Kinostart von *Winnetou I* (1963) seines Lebens nicht mehr sicher. Zu überzeugend mimte er den Mörder, wild lachend, energiegeladen, grundböse. Keiner der Zuschauer nahm die fast schon tragische Entwicklung Santers wahr, die Adorf sensibel durch die sukzessive Demontage des Unholds darstellte. Wie wörtlich Demontage zu verstehen ist, sieht man bereits an der Kleidung. In der ersten Szene schießt er als Stutzer Bisons tot – in tadellos sauberem, dunklem Anzug mit Samtbesatz, eine schwarze Lavallière (auch als »Künstlerschleife« bekannt) um den weißen Hemdkragen, dazu eine goldenschimmernde Weste und ein heller Strohhut mit Lederband auf dem ölig exakt frisierten Haar. Quel homme! Nach der schrecklichen Schlacht um den Saloon schleicht sich Santer an die Pueblos der Apachen schon ohne Hut an und schaut ein wenig wirr aus der fleckigen Wäsche, während er Old Shatterhand und Versini beim Händchenhalten belauscht. Am Nugget-tsil, nachdem er die Blume der Prärie geknickt und ihren Vater ewig jagen geschickt hat, flieht er vor den Verfolgern nunmehr gänzlich abgerissen: offen der Kragen, schmutzig der Anzug, fettig und verschwitzt und strähnig die Haare, ein Mann ganz aus der Façon. Kein Wunder also, daß er, angeschossen am Felsen hängend, bald den letzten Halt verliert und abwärts strebt.

Dem Geist des Mayschen Schurken entsprach der Adorfsche zweifellos; mit der kleinen Einschränkung, daß Santer in den Winnetou-Bänden ein rechter Westmann ist, dem es mehrfach gelingt, Old Shatterhand und den Häuptling der Apachen zu belauschen, sogar letzteren nächtens zu überwältigen, als der ihn fangen will.

Unbestreitbar übertrifft Santer den Schut an Geschicklichkeit, Bosheit und Intelligenz um Längen. Bei May scheint er darüber hinaus tatsächlich mit dem Teufel im Bunde, so oft entkommt er den ohnmächtig zurückbleibenden Rächern. Wandlungsfähig und geschäftstüchtig arbeitet er im Band *Winnetou II* als Händler unter dem Namen Burton, betrügt Weiße, bestiehlt sie und verrät sie an die Indianer. In *Winnetou III* schließlich führt er seinen schwersten Schlag gegen Old Shatterhand, den er mit Hilfe der Kiowas gefangennehmen kann: Er entwendet das Testament des toten Winnetou, bevor Scharlih es lesen kann. Da dort der Fundort des Goldes – gedacht für wohltätige Stiftungen – bezeichnet wird, schmerzt es Old Shatterhand sehr, viel stärker aber trifft ihn der Verlust des Schriftstücks, weil es das letzte Andenken an einen großen Geist und seinen besten Freund ist. Santer hält es ihm noch einmal höhnisch vor die Augen, er schwenkt es später von der Felsenhöhe am »Dunklen Wasser«, um es dann in Fetzen zu zerreißen. Kurz darauf zerreißt ihn eine von Winnetou gelegte Sprengladung. So endet einer, der Freude hatte am Schurkesein.

Santers Söhne werden versuchen, sein Bild zu retuschieren. In *Winnetou IV* wollen sie alle Karl-May-Bücher aufkaufen, die Rechte dazu, um ihren Vater von der Schmach zu befreien, vor aller Welt als Ungeheuer dazustehen. Wie ein Dämon treibt die Kinder der Geist ihres Vaters. Überhaupt liegt ein Fluch auf der Familie, denn Selbstmord vererbt sich wie eine Krankheit. Weitere Verbrechen kommen in *Winnetou IV* zutage, die Sander, wie er auf einmal geschrieben wird, als Tom Muddy begangen hat, als er gewaltsam und erfolglos um die schöne Indianerin Aschta warb. Die späte Ehrenrettung ihres Erzeugers gelingt den Söhnen natürlich nicht, genausowenig ihr Plan, Karl May (!) in die Hand seiner Feinde zu liefern. Das Herzle, Mays Frau, bekehrt sie vielmehr zu einem besseren Leben, befreit sie von der Besessenheit. Sie opfern ihr Leben für Karl May samt Herzle und büßen so und löschen aus die Schuld ihres Vaters. Ihn zu hassen, werden, solange es Leser von »Winnetou« gibt, gleichwohl nie die Verehrer des Häuptlings der Apachen aufhören.

Der Schut
BRD/Frankreich/Italien 1964; R: Robert Siodmak; Db: Georg Marischka, Robert Siodmak; D: Lex Barker (Kara Ben Nemsi), Marie Versini (Tschita), Rik Battaglia (Kara Nirwan, der Schut), Ralf Wolter (Hadschi Halef Omar).

Winnetou I
BRD/Jugoslawien/Frankreich 1963; R: Harald Reinl; Db: Harald G. Petersson; D: Lex Barker (Old Shatterhand), Pierre Brice (Winnetou), Mario Adorf (Santer), Marie Versini (Nscho-Tschi), Mavid Popovic (Intschu-Tschuna), Ralf Wolter (Sam Hawkens).

Winnetou III
BRD/Jugoslawien 1965; R: Harald Reinl; Db: Harald G. Petersson; D: Lex Barker (Old Shatterhand), Pierre Brice (Winnetou), Rik Battaglia (Rollins), Ralf Wolter (Sam Hawkens).

THOMAS MORSCH

Der eiskalte Engel

Jeff Costello (Le Samouraï)

Der Auftragskiller Jeff Costello soll den Besitzer eines
Nachtclubs töten. Als er in dessen Büro eindringt, fragt
sein Opfer ihn: »Wer sind Sie?« – »Das ist völlig uninter-
essant«, antwortet der Killer ihm, worauf der Nachtclubbesitzer erneut fragt: »Was wollen Sie?« Jeffs Antwort ist
kurz, aber erschöpfend: »Sie umbringen.« Zwar zieht sein
Opfer noch eine Waffe, doch Jeff ist schneller und streckt
ihn mit drei Schüssen nieder. Nicht nur die Neugier des
Opfers bleibt unbefriedigt, auch der Zuschauer wird am
Ende wenig über die Person und die Motive des »eiskalten Engels« erfahren haben. Aber liegt nicht gerade darin
seine Eigenart und Faszination? Alain Delon verkörpert
den enigmatischen Killer ohne Vergangenheit und ohne
Zukunft, ohne Ziele und Hoffnungen, in dem kühl und in
langsamem Tempo inszenierten Thriller von Jean-Pierre
Melville aus dem Jahre 1967, in dem der Verbrecher nicht
als Gegenspieler eines strahlenden Helden fungiert, sondern selbst im Zentrum des Films steht.

Der deutsche Filmtitel *Der eiskalte Engel* wie der franzö-
sische Originaltitel *Le Samouraï* beziehen sich gleicher-
maßen auf die Hauptfigur des Films, den Killer Jeff Costello. Die beiden Titel werfen zwei unterschiedliche
Schlaglichter auf die rätselhafte Gestalt des »Helden«: Be-
tont das Bild des »eiskalten Engels« die Bindungslosigkeit
und Gefühlskälte der faszinierenden und erotischen Erscheinung des Killers, verweist der Begriff des »Samurai«
auf die bedingungslose Hingabe an seine Aufgabe, das Töten, und auf den strikten Verhaltenscode, dem er Folge
leistet. Damit sind zwei wichtige Facetten Costellos be-
nannt, jedoch bleibt sein Wesen letztlich unergründlich.
Aufgrund seiner Verschlossenheit und Wortkargheit sind
Rückschlüsse auf seine Person allein durch die Beobach-

tung seines Handelns zu ziehen. Alle persönlichen Gefühle bleiben verborgen hinter seinem blassen Gesicht, das regungslos ist wie eine Kabuki-Maske.

Zu Beginn des Films sehen wir ihn in seiner Wohnung auf dem Bett liegen, umhüllt von Zigarettenrauch. Kaum hebt sich seine Gestalt von dem Hintergrund der dunklen Wände ab. Das einzige Geräusch, das zu hören ist, ist das Zwitschern eines Vogels in seinem Käfig, der einzige Begleiter des Killers. Von draußen prasselt der Regen gegen die Scheiben. Es herrscht eine bedrückende Atmosphäre von Einsamkeit und Trostlosigkeit, die Costello stets umgibt, wohin er auch geht. Seine karg eingerichtete Wohnung ist anonym wie ein Hotelzimmer. Außer dem Vogelkäfig findet sich kein einziger persönlicher Gegenstand in Costellos Wohnung. Er ist von nichts umgeben, das uns etwas über ihn mitteilen würde. So bleibt auch die Motivation im dunkeln, die ihn dazu bringt, seinem gefährlichen Job nachzugehen. Weder scheint ihm materieller Besitz etwas zu bedeuten, noch scheint er Träumen nachzuhängen, für deren Realisierung er das Geld brauchen würde.

Eine der wenigen Eigenschaften, die man Costello zuschreiben kann, ist seine Eitelkeit. Bevor er das Zimmer verläßt, mit einem eleganten grauen Anzug, einer schmalen Krawatte und einem Trenchcoat oder einem dunkelblauen Wollmantel bekleidet, überprüft er vor dem Spiegel sorgsam den Sitz seiner Haare, kontrolliert seine Kleidung und zieht seinen breitkrempigen Hut zurecht. Auch bei seiner Arbeit legt er nicht nur eine große handwerkliche Präzision, sondern ebenso einen ästhetischen Perfektionismus an den Tag, der sich schon in seiner Kleidung und der ruhigen Eleganz seiner Bewegungen niederschlägt. Stiehlt er ein Auto, um seine Spuren zu verwischen, so wählt er nur Wagen, die nicht abgeschlossen sind, um nicht in die Verlegenheit zu geraten, sie mit brutaler Gewalt aufbrechen zu müssen. Sodann legt er einen großen Schlüsselbund wohlgeordnet neben sich auf den Beifahrersitz, zieht einen Schlüssel nach dem anderen mit äußerster Ruhe ab, prüft, ob er in das Schloß paßt, und reiht alle nicht passenden Schlüssel sorgfältig nebeneinander auf dem Sitz auf, bis er den richtigen gefunden hat. Das Besorgen falscher Nummernschilder, von Wagenpapieren und einer Waffe in der Garage eines Kleinkriminellen geschieht routiniert und wortlos. Auch als er eine Freundin aufsucht, um sich bei ihr ein Alibi für den Mord an dem Nachtclubbesitzer zu verschaffen, spricht er nur das Nötigste, blickt sie kaum an und zeigt keinerlei Gefühle, die verrieten, daß es sich bei ihr um seine gelegentliche Geliebte handelt.

Nach dem Mord an dem Nachtclubbesitzer wird er beim Verlassen des Tatorts von der Pianistin des Clubs gesehen. Sie ist die einzige, die ihn sicher identifizieren könnte. Als die Polizei nach dem Mord eine allgemeine Razzia durchführt, bei der auch Costello als möglicher Verdächtiger festgenommen wird, verrät sie ihn bei der Gegenüberstellung dennoch nicht. Doch ihr Motiv hierfür bleibt undurchsichtig: Ist sie seiner charismatischen Ausstrahlung erlegen und will ihn deshalb schützen? Oder ist sie Teil eines Komplotts gegen ihn und handelt auf Geheiß von Costellos Auftraggebern, die ihn aus dem Polizeigewahrsam befreien wollen, um ihn, nachdem er durch seine Verhaftung zum Sicherheitsrisiko geworden ist, zu töten? Als Jeff sich später mit einem Handlanger seines ihm unbekannten Auftraggebers trifft, um seine Bezahlung zu kassieren, versucht dieser tatsächlich, ihn umzubringen. Schwerverletzt dämmert es dem Killer, daß für ihn das letzte Spiel um Leben und Tod begonnen hat. Als der Handlanger ihn erneut aufsucht, diesmal, um ihn doch wieder für einen neuen Auftrag anzuheuern, überwältigt Jeff ihn und zwingt ihn, den Namen seines Auftraggebers zu verraten. Von diesem Moment an plant er seine Rache ebenso sorgfältig wie seinen eigenen Tod, den er am Ende des Films mit Sinn für Dramatik selbst inszeniert.

Nachdem er geschickt die Polizei abgehängt hat, die ihn ständig überwacht, sucht er noch ein letztes Mal seine

Freundin auf, die für ihn gelogen hat und deshalb von der Polizei unter Druck gesetzt wurde. Er erkundigt sich, ob sie seinetwegen Ärger bekommen habe, doch sie ist ihm so ergeben, daß sie selbst dies noch leugnet. Im einzigen zärtlichen Moment des Films nimmt er sie in den Arm und sagt ihr auf ihre besorgte Nachfrage hin, ob sie etwas für ihn tun könne: »Nichts. Gar nichts. Ich werd' schon fertig. Du brauchst dich nicht zu sorgen.« Als sie, die einzige Person, die ihn kennt, ihm nachblickt, ahnt sie wohl schon, daß seine doppeldeutige Antwort keineswegs heißt, daß er mit der Gefahr schon fertig würde, sondern nur, daß das Spiel, das er treibt, bis zum bitteren Ende seiner planvollen Inszenierung folgt, die gleichwohl sein eigenes Ende einschließt. Jeff sucht seinen Auftraggeber auf, und erneut wiederholen sich die Ereignisse des ersten Mordes: Erneut wird er gefragt, was er wolle, erneut versucht sein Opfer vergeblich, schneller zu schießen als er. Wie jede der kriminellen Handlungen Jeffs, sei es das Stehlen eines Autos, sei es das Besorgen falscher Nummernschilder und Papiere, wiederholt sich auch der Akt des Tötens im Verlaufe des Films in exakt der gleichen Weise ein zweites Mal. So wird deutlich, wie jede seiner Handlungen einem rituellen Schema folgt. Dem kriminellen Handwerk Jeffs fehlt jener romantische Hauch von Abenteuer, der die meisten seiner Kollegen umgibt. Er agiert lediglich als der kalte Vollzugsbeamte des Verbrechens.

Nach dem Mord an seinem Auftraggeber ist Jeff eigentlich frei zu tun, was er will. Doch als Samurai ist er an einen Verhaltenskodex gebunden, der von ihm verlangt, auch den letzten Auftrag noch auszuführen – schließlich wurde er dafür bezahlt. Seinen Prinzipien gegenüber bis in den Tod hinein loyal, betritt er noch einmal den Nachtclub, dessen Besitzer er ermordet hat. Erst als er die Waffe zieht, wird klar, wer sein letztes Opfer sein soll: Es ist die Barpianistin, die ihn vor der Polizei gedeckt hat. Als er die Pistole auf sie richtet, versichert er ihr, daß ihr nichts geschehen würde. In diesem Moment stürmt die Polizei die Bar und erschießt Jeff. Ein Blick in seinen Revolver lehrt die Polizisten, wie voreilig sie gehandelt haben: Die Trommel ist leer, die Waffe nicht geladen. Der Kommissar, sein ständiger Gegenspieler, der genau wie wir die ganze Zeit vergeblich versucht hat, den Killer zu begreifen, spricht die Schlußworte des Films und die Trauerrede auf Jeff: »Er hat uns herausgefordert. Eiskalt. Weil seine Rechnung nicht mehr aufging. Er war mit sich selbst am Ende. So allein wie ein Tiger im Dschungel.« Zu einer Gruppe von Zockern hatte Jeff gesagt: »Ich verliere niemals. Niemals wirklich.« So hat er am Ende mit seinem Leben nur vermeintlich sein Spiel verloren. Sein eigenes Ende gehörte zu seinem Plan, und die Polizisten waren nur die Marionetten des Spiels, das bis zu seinem letzten Atemzug nach seinen Regeln ablief.

Die nachhaltigste Erinnerung an den Film bildet wohl die elegante Gestalt des Killers, der sich als einsamer Wolf zielstrebig durch die frostig-graue Atmosphäre der Pariser Straßen und die Gänge der Metro bewegt. Seine unbeugsame Souveränität und sein durchdringender, gefühlloser Blick haben ihn zur Ikone ultimativer Coolneß des modernen Gangsterfilms gemacht. So wie der eiskalte Engel das Erbe der einsamen Helden des amerikanischen Film Noir antritt, deren Wesenszüge er auf die Spitze treibt, ist er umgekehrt zum Vorbild zahlloser Verbrechergestalten des Films geworden: Nicht nur Delon selbst hat in anderen Filmen immer wieder das Image des eiskalten Engels wiederbelebt, auch die Kriminellen aus Quentin Tarantinos *Reservoir Dogs*, die Killer und Straßenwölfe aus John Woos Hongkong-Filmen, die Figuren aus zahlreichen Gangsterfilmen von Martin Scorsese und der nur von einer Pflanze begleitete Profikiller Léon aus Luc Bessons gleichnamigem Film verdanken ihre Existenz dem eiskalten Engel. Wenn einem die Geschichte des Films auch an manchen Stellen ein wenig unglaubhaft erscheint – seine kühle Atmosphäre und die undurchdringliche Figur des Killers haben den *Eiskalten Engel* zum Klassiker des Kriminalfilms werden lassen, der mehr als dreißig Jahre nach seiner Entstehung nichts von seiner Faszination verloren hat.

Der eiskalte Engel
(Le Samouraï)
Frankreich/Italien 1967; R: Jean-Pierre Melville; Db: Jean-Pierre Melville; D: Alain Delon (Jeff Costello), François Périer (Kommissar), Nathalie Delon (Jane Lagrange), Cathy Rosier (Valérie).

MARGIT HÄHNER

Ein Gauner zum Verlieben

Thomas Crown

In die netten Jungs soll man sich verlieben, in die, die ehrlich und anständig sind, die nicht das Blaue vom Himmel herunterlügen und nicht immer nur DAS EINE wollen. Nicht auf Charme und Schönheit soll man sein Augenmerk richten, sondern auf die inneren Werte. All das haben uns unsere wohlmeinenden Mütter unermüdlich gepredigt, und was ist dabei herausgekommen? Als Teenager haben wir natürlich für den Lockenkopf Tom geschwärmt, der Sänger und Gitarrist in einer Band war, wir haben aus der Ferne den schwarzhaarigen Jürgen angeschmachtet, weil der so schön und edel aussah, und Christoph mit den langen Locken war auch nicht zu verachten, weil der irgendwie so cool und intellektuell war (und folgerichtig heute für *Die Zeit* schreibt). Da hatten es die netten Jungs nicht leicht. Ihre Stunde kam erst viele Jahre später, als wir zu Frauen herangereift waren, stapelweise feministische Literatur gelesen und Erfahrungen mit dem Männergeschlecht ganz allgemein uns klüger gemacht hatten. Aber irgendwo in uns drin, da ist er immer noch lebendig, der Traum vom tollen, verwegenen, attraktiven Mann, mit dem das Leben ein Abenteuer ist. Und weil uns im Leben so wenige von dieser Sorte begegnen (sorry, Jungs, aber die meisten von euch haben doch schon Angst vor einem Pferd!), sind sie auf der Leinwand so erfolgreich, bringen unsere Augen zum Leuchten, unsere Herzen zum Klopfen und unsere Phantasie auf Touren.

Und wenn dann einer kommt wie Thomas Crown, attraktiv, sexy, mit umwerfendem Lächeln, der steinreich ist, erfolgreich, gebildet, charmant, dann ist man zumindest anderthalb Stunden lang bereit, alles stehen- und liegenzulassen und sich hemmungslos in die Arme dieses Mannes zu werfen. Und sei es nur für eine heiße Affäre. Denn ob er wirklich ein Mann für eine langjährige Zweierbeziehung ist, das darf bezweifelt werden. Eines nämlich ist sicher, der Mann braucht Nervenkitzel, und das nicht zu knapp. Was dazu führt, daß er ein ungewöhnliches Hobby pflegt. Gut, das machen viele, mag man jetzt einwenden, manch einen treibt's auf den Mount Everest, um den Yeti, tiefgefrorene Leichen oder die eigene Männlichkeit zu suchen, andere wieder vergnügen sich beim Tauchen in haiverseuchten Gewässern, und Dieter Bohlen züchtet Moderatorinnen im Keller. Jedem das Seine, und all das ist seltsamerweise auch nicht verboten. Das sieht bei Thomas Crowns Freizeitbeschäftigung schon etwas anders aus. Als erklärter Kunstkenner und -liebhaber hat er sich darauf verlegt, Gemälde zu stehlen. Und das nicht irgendwo in einer Galerie mit billiger Alarmanlage, nein, es muß eine echte Herausforderung sein, ein hochgesichertes Museum nämlich. Die Impressionisten haben es ihm besonders angetan, eine nachvollziehbare Leidenschaft; aber letztlich geht es nicht darum, ein bestimmtes Bild zu besitzen. Für den, der sich alles leisten kann, verliert Besitz ganz erheblich an Reiz. Und im Gegenzug bekommt der Diebstahl, der ganz große Coup, eine ungemeine Faszination. Weil Thomas Crown nicht davon leben muß, wird der Diebstahl aus der Banalität der geschäftsmäßigen Kriminalität in den Bereich der großen Kunst erhoben. Es ist ein intellektuelles Spiel auf höchster Ebene und mit höchstem Einsatz, hier geht es nicht darum, Muskeln spielen zu lassen, sondern das Hirn. Dahinter verblaßt jede Frage nach Moral, Recht und Gesetz, das Spiel ist auf der Werteskala ganz oben angesiedelt. Und nicht nur weil der Mann Thomas Crown einfach hinreißend ist, sympathisieren wir mit ihm. Nein, jede und jeder, der in Gedanken schon mal durchgespielt hat, wie ein genialer Bankraub, die perfekte Geldübergabe oder eben ein kühner Diebstahl zu bewerkstelligen wären, der versteht sehr gut, was Thomas Crown antreibt. Er ist kein Dieb, er ist ein Künstler. Der geglückte Coup allein reicht aber noch nicht. Schon bald gerät er unter Verdacht, macht sich auch bewußt verdächtig, die Polizei und eine smarte Versicherungsdetektivin heften sich an seine Fersen, und all das braucht er, um zu Hochform aufzulaufen. Es beginnt ein kühnes Verwirrspiel auf allen Ebenen.

Eine gefälschte Version des Bildes taucht auf. Die Detektivin erliegt zunehmend Thomas Crowns Charme. So spielt er zugleich mit der Polizei und mit dem Herzen einer Frau und behält stets die Oberhand und den Überblick, während allen anderen Figuren im Spiel selbiger immer mehr abhanden kommt. Die möglicherweise ebenbürtige Gegnerin gerät ins Straucheln, weil er ganz bewußt und manipulativ die Frau in ihr anspricht. Ihr Verstand und Gefühl geraten planmäßig durcheinander, was sie natürlich bei der Erledigung ihres Jobs behindert. All das gehört mit zum Spiel, das Thomas Crown spielt und bei dem seine Gegner zunehmend in die Defensive gedrängt werden. Den Sieg schließlich erringt er durch die fulminante Rückgabe des Bildes, und hier beweist sich auch, daß Spielen nicht nur intellektuelle Herausforderung ist, sondern auch eine humorvolle Grundhaltung voraussetzt. All die Herren im dunklen Mantel, mit Melone auf dem Haupt und Koffern in der Hand, die bei der spektakulären Rückführung des Gemäldes durch das Museum laufen, könnten einem Gemälde von Magritte entsprungen sein, die Szenerie ist surreal und als solche auch wieder in sich ein Kunstwerk. Mit dieser Inszenierung erweist sich Thomas Crown als wahrer Künstler, intelligent, kreativ und originell. Und die Kunst triumphiert über das Gesetz, weil es für sie kein Gesetz gibt, weil es keines geben darf. Jede Regel würde sie in ihren Möglichkeiten einschränken, die Phantasie ist nicht zu reglementieren.

Der wahre Künstler selber allerdings auch nicht. Das Leben mit ihm ist voller Überraschungen, er steht immer ein Stück außerhalb der Gesetzmäßigkeiten der bürgerlichen Gesellschaft, er ist das Enfant terrible, für das Freiheit und Individualität die höchsten Werte sind. Ob die Versicherungsdetektivin das auf Dauer akzeptieren kann, darf zumindest bezweifelt werden. Man müßte sehen, wie es ein paar Monate nach dem vermeintlichen Happy-End aussieht. Denn, seien wir ehrlich, er ist schon einer von den Jungs, vor denen uns unsere Mütter immer gewarnt haben. Aber wahrscheinlich haben sie nicht damit gerechnet, daß einige von uns mittlerweile ganz ähnlich drauf sind. Und wir könnten einem Thomas Crown das Wasser reichen.

Thomas Crown ist nicht zu fassen
(The Thomas Crown Affair)
USA 1968; R: Norman Jewison; Db: Alan R. Trustman; D: Steve McQueen (Thomas Crown), Faye Dunaway (Vicky Anderson).

Die Thomas Crown Affäre
(The Thomas Crown Affair)
USA 1999; R: John McTiernan; Db: Leslie Dixon, Kurt Wimmer (nach dem Originaldrehbuch von Alan R. Trustman); D: Pierce Brosnan (Thomas Crown), Rene Russo (Catherine Banning).

»Du sollst meinen Namen nicht nennen!«

Frank (Spiel mir das Lied vom Tod / Once Upon A Time In The West)

Es war einmal ... eine Zeit, da waren die Guten noch rechtschaffen gut und die Bösen abgrundtief böse, da hatte man es nicht mit komplizierten, vielschichtigen Individuen zu tun, sondern mit einspurigen Typen, mit »The good, the bad, the ugly«. Ungetrübt von jeglicher Psychologie, handelten sie so, wie es ihnen der Typus auferlegt: good, bad, ugly eben.

Es war einmal ... ein Land, in dem war der Kampf von Gut und Böse beheimatet. Es war der Westen, der Wilde Westen, der die geordneten Strukturen der zivilisierten und bürgerlichen Welt kaum kannte, ein Land, das auf der Schwelle stand: Weder war es ganz Wildnis noch vollständig zivilisiert. Dem zivilisatorischen Fortschritt mußte erst noch der Boden bereitet werden; vom Osten kommend, hatte die »Pacific-Railroad« die Westküste noch nicht erreicht.

In dieser Zeit, an diesem Ort spielt Sergio Leones Klassiker *Once Upon A Time In The West* – entsprechend ist der Schurke des Films: einfach bösartig, was er gleich mit seinem ersten Auftritt unter Beweis stellt: »Was sollen wir mit ihm machen, Frank?« – Der da angesprochen wird, schaut auf den rotblonden Jungen, der die Schüsse vor dem Haus gehört hatte, herausgestürzt war und nun vor dem Mörder seiner Familie, der McBains, steht. Frank lächelt den Jungen an und entgegnet: »Du sollst meinen Namen nicht nennen!« (»Now that you called me by name!«) Dann drückt er ab – ein Kindermörder also.

Mit dieser Szene hat der Schurke sein Entree – als eiskalter Killer, der mit seinen Schergen kurzerhand ganze Familien meuchelt. Er heißt Frank, nur Frank, einen Nachnamen – Zeichen bürgerlicher Ordnung – hat er nicht. Überhaupt sind die Namen nicht gerade üppig verteilt in dem Film. Ein Blick auf den Abspann macht das deutlich: »Cheyenne«, »Wobbles«, »Stony«, »Knuckles« etc. – diese Namen heben nur zaghaft aus der Anonymität, sind nicht mehr als erste identitätsbildende Maßnahmen. Charles Bronson schließlich hat strenggenommen überhaupt keinen Namen: Er wird im Abspann lediglich als »The man« vorgestellt, als der Namenlose, der kein Zuhause hat, der *lonesome cowboy*. Mit vollständigen Namen können einzig die McBains dienen – Brett und Jill zum Beispiel –, die Vertreter der Seßhaftigkeit und mit ihrer geplanten »Railway-Station« Kristallisationspunkt der urbanen Zivilisation, die vielleicht einmal »Sweetwater« heißen könnte.

Auf den ersten Blick sieht Frank gar nicht aus wie der klassisch verschwitzte und waschtagferne Outlaw und Pistolero mit Wildwuchs im Gesicht, im Gegenteil. Zum ersten Drehtag soll, so die Sage, Henry Fonda noch dem Klischee entsprechend am Set erschienen sein: mit superfiesem Schnauzer und noch fieserem Bartschatten – plumpe Leihgaben von den Mächten der Finsternis. Zudem habe er durch bösartig braune Kontaktlinsen geäugt, um das harmlose Babyblau seiner Augen zu kaschieren. Als Leone ihn sah, bestand er umgehend darauf, Fonda möge dieses Outfit eines gewöhnlichen Outlaws ablegen. Der Typus – auch wenn er archetypisch in Schwarz gekleidet ist – sollte nicht zum Klischee verkommen. Glatt rasiert und mit smartem Auftreten war Fonda »the real unshaved«.

»Du sollst meinen Namen nicht nennen!« – mit diesem Satz, dem ersten aus seinem Munde, scheint Frank zunächst nur den Sprachschatz eines gemeinen Ganoven zu bemühen. Klar, die Tat darf nicht mit dem eigenen Namen in Verbindung gebracht werden. Das Verbrechen, das der Schurke begeht, muß er anonym begehen – Zeugen sind unerwünscht. Für den Film jedoch ist dieser Imperativ von entscheidender, von zentraler Bedeutung, weil er ihn auf den Mythos vom Wilden Westen hin ausrichtet.* Der Imperativ mystifiziert die Tat und nimmt den Täter in die vormalige Anonymität zurück, der er sich mit einem bloßen »Frank« gerade erst entrungen hatte. Der Schurke tritt hinter sein Verbrechen zurück und hinterläßt es als Faktum ohne Warum. Die Tat gewinnt dadurch aber mythische Qualitäten.

Das Primat der Tat: Immer wieder sucht der Film in seiner Erzählstruktur, die Verbindung zwischen Frank und »Harmonica« (Charles Bronson) deutlich zu machen. Immer wieder nimmt er Rückgriff auf ein Verbrechen, das lange zurückliegt und das fehlende Verbindungsglied zwischen den beiden Protagonisten darstellt. Schließlich, zum Ende hin, wird das Missing link deutlich: Schrittweise nimmt ein erheblich jüngerer Frank aus der filmischen Unschärfe heraus Kontur an – einer Unschärfe, die der Titel des Films treffend zum Ausdruck bringt: »Once upon a time …«. Genüßlich schaut Frank zu einem Mann hinauf, der mit einem Strick um den Hals auf den Schultern eines total erschöpften Jungen – »Harmonica« – steht. Die Absicht ist eindeutig: Bricht der Junge unter der Last zusammen, wird der Bruder erhängt. Um die Grausamkeit perfekt zu machen, schiebt Frank dem Jungen eine Mundharmonika zwischen die Zähne und sagt: »Spiel mir das Lied vom Tod!« (»Keep your lovin' brother happy!«) Es geht in dem Film einzig um die Entwicklung dieser Szene und dieser Tat. Sie auch ist es, die die Frage nach der Identität Bronsons beantwortet. Kurz vor dem Showdown fragt Fonda, wer denn überhaupt sein Gegenüber sei, und

* Dergestalt einen Mythos hervorzurufen funktioniert auch noch in unseren Tagen. Laut *Spiegel* soll sich Anfang Dezember 1999 im Bundesvorstand der CDU eine Szene von wahrhaft mythologischer Qualität abgespielt haben. Heiner Geißler habe in dieser Runde das Wort ergriffen: daß er im Hinblick auf den Spendenskandal die Leistungen des Exkanzlers ja keinesfalls schmälern wolle, aber … In diesem Moment soll ihm Kohl ins Wort gefallen sein: »Nimm meinen Namen nicht in den Mund …« (Zit. nach: *Süddeutsche Zeitung* vom 3. 1. 2000)

Bronson antwortet: »You will only know at the point of dyin'.« Als der Schurke dann tödlich getroffen am Boden liegt, nimmt Bronson die Mundharmonika, die er seit jener ersten Begegnung bei sich getragen hat, und schiebt sie dem Wehrlosen in den Mund – wie auch sonst sollte sich der Namenlose zu erkennen geben? »Die Handlung macht die Person. Eine Person ist, was sie tut, nicht was sie sagt.« Dies diagnostiziert einer, der es wissen muß: Drehbuchautor Syd Field.

Was ein Schurke ist, zeigt der Film also anhand der Taten, die er begeht. Der Film macht nicht im entferntesten den Versuch zu erklären, woher die Bösartigkeit kommt, welche Motive ihr zugrunde liegen, wie die Psyche des Schurken funktioniert, warum er so handelt, wie er handelt. All diesem entzieht sich der Film, für all das gibt er keine Erklärung. Weder wird Frank als Psychopath à la Norman Bates vorgestellt noch als Opfer seiner Kindheit wie Jim Profit oder als philosophisch motivierter Tunichtgut vom Format eines Hannibal Lecter. Der Film reflektiert das Phänomen »Bösartigkeit« nicht, er demonstriert es bloß anhand der Taten. Auch in diesem Punkt zeigt er sich also dem Mythos verpflichtet.

»Du sollst meinen Namen nicht nennen!« – damit startet Frank seine Rückkehr in die Anonymität, in der sein Gegenspieler von Anfang an beheimatet ist. Frank ähnelt sich dem Namenlosen an – bis er ihm letztendlich gleicht: Zu Beginn des Showdowns sagt Frank zu ihm: »Morton once told me I could never be like him. Now I understand why. It wouldn't have bothered him knowing you were around somewhere alive.« Bronson entgegnet: »So you found out you weren't a businessman after all.« Daraufhin bekennt Fonda vielsagend: »Just a man!« Mehr bedarf der Mythos nicht. Er braucht nur zwei Vertreter einer Welt, die sich seiner Deutung gemäß in zwei Aspekte aufteilt: den guten und den bösen, den *good guy* und den *bad guy*. Im Showdown stehen sich somit nicht Frank und »Harmonica« gegenüber. Vielmehr ist der Mythos »Mann gegen Mann«, »Gut gegen Böse« herbeigesprochen.

Wer sich gegen Frank und seine Taten auflehnt, lehnt sich gegen die mythologische Weltdeutung auf. Auf merkwürdige Art und Weise ist Frank damit seiner individuellen Schuld ledig – was ihn sicherlich zum unschuldigsten aller cineastischen Schwerstverbrecher macht. Indem er sich in den Mythos hineinspricht und ihn bedient, ist er jenseits persönlicher Verantwortung. Sein Tod begleicht eine Schuld, die im Wesen der Welt liegt.

»Du sollst meinen Namen nicht nennen!« – dieser zentrale Satz perspektiviert also den Film auf den Mythos hin: Er spricht sich für das Primat der Tat aus und nimmt den Täter in die Anonymität zurück, deren der Mythos bedarf. Bemerkenswert ist dabei allerdings die Rolle des Schurken: Ausgerechnet über sein gesprochenes Wort restituiert sich der Mythos in einer Welt, die über ihn eigentlich schon hinaus ist; und er bewahrheitet sich, indem er den Schurken im Showdown opfert, damit das Gute ein weiteres Mal obsiegt – Frank sei Dank.

Spiel mir das Lied vom Tod
(Once Upon A Time In The West)
Italien/USA 1969; R: Sergio Leone; Db: Sergio Leone, Sergio Donati; D: Claudia Cardinale (Jill McBain), Henry Fonda (Frank), Charles Bronson (The Man »Harmonica«), Jason Robards (Cheyenne).

ROLF-BERNHARD ESSIG

Wenn Hamlet Robben gejagt hätte.
Jack Londons *Der Seewolf*

Der Mann ist nahezu perfekt, fast ein Gott. Wolf Larsens
Schönheit, die nichts Weibisches an sich hat, verwirrt die
Sinne beider Geschlechter. 1,75 m Mensch in harmoni-
schen Proportionen und alabasterhafter Haut, die Muskeln, die Sehnen durchpulst eine nicht geheure Energie.
Die klar geschnittenen Gesichtszüge, bartlos mit grie-
chisch-römischer Nase, spiegeln tiefe Übereinstimmung
mit sich selbst, dazu Entschlossenheit und eine unbe-
zähmbare Wildheit. Bezwingend der Blick aus Augen, die
grau, kalt und hart Widerspruch ersticken, bei Gelegenheit aber weich, warm, ja golden und verführerisch
leuchten.

Etwas verhindert gleichwohl irritierend den Eindruck
von Vollkommenheit. Unähnlich seinem Bruder, Tod
Larsen, ist der prächtige Atavismus Wolf Larsen von des
Gedankens Blässe angekränkelt. Mit zähem Bemühen
lernte er lesen und schreiben in der englischen Marine,
studierte dann auf eigene Faust weiter, Navigation, Ma-
thematik, Philosophie, um sich zu erheben aus dem
plumpdumpfen Leben auf See und emporzusteigen in
Kreise, wo die Konversation als hohe Kunst blüht. Da die
Gelegenheit nie kommt, lebt er nur leidlich erfolgreich,
wird Kapitän eines Robbenschiffs, umgeben von Roheit
und Primitivität, die er verachtet. Seine Gedankenkraft
und Belesenheit machen ihn nur noch einsamer auf See:
»Mein größter Fehler war, jemals ein Buch aufgeschlagen
zu haben.«

Der Steuermann, als Leiche noch mißhandelt, ver-
flucht, weihelos ins Meer gekippt, die Matrosen Leach
und Johnson, gedemütigt, halb totgeschlagen, schließlich
nach stundenlangem Katz-und-Maus-Spiel im Sturm er-
trunken, sie würden es anders sehen. Anders die vier

Crewmitglieder, von Wolf Larsen in Hakodate erschossen, anders der Mann, dessen Kopf er mit einem Faustschlag zermalmte, anders die beiden entführten Japanerinnen, die er eine Woche lang an Bord in seiner Gewalt hatte, anders die Mannschaft des Robbenfangschoners »Ghost«, terrorisiert von tausend teuflischen Quälereien, anders Thomas Mugridge, der schmierige Koch, fußlos humpelnd nach einer Haiattacke. Alle hassen das unberechenbare Ungeheuer, fluchen ihm und verfluchen sich selbst, weil sie in die Reichweite seiner fürchterlichen Arme geraten sind, mit denen er allmächtig herrscht über sein kleines Segelschiff-Geisterreich. Je nach Bildungsgrad geben sie ihm Namen: Wolf, Teufel, Tier der Apokalypse, Kaliban, Hai, Tiger, Schlange, Luzifer.

Ambrose Bierce fällte ein klares Urteil über den *Seewolf*: zuviel Kitsch, Romantik, aberwitzige Zufälle und mangelhafter Stil, doch was für eine erzählerische Kraft, was für eine faszinierende Figur: »But the great thing – and it is among the greatest of things – is that tremendous creation, Wolf Larsen ... The hewing out and setting up of such a figure is enough for a man to do in one life-time.« (Brief an George Sterling, 18. 2. 1905)

Interpreten identifizierten den Titelhelden mit Nietzsches Übermenschen, obgleich Jack London dessen Gedanken damals nur aus dem Mund eines Vagabundenphilosophen kannte. Wolf Larsens Persönlichkeit profitierte sicherlich etwas davon, mehr noch von Melvilles Käpt'n Ahab, Miltons Luzifer, von Herbert Spencers sozialdarwinistischen Theorien, von Jack Londons eigenem Pessimismus samt depressiven Anfällen und einem realen Vorbild, dem Robbenfänger Alexander McLean. Aus dieser Mischung schuf sein Autor ein Wesen mit konsequentem Charakter, dessen Qualitäten sich erst in der Konfrontation mit seinem Widerpart, dem Literaturkritiker Humphrey Van Weyden, voll entfalten.

Als Scheusal oder primitiver, amoralischer Gewaltherrscher mit zynischer Philosophie nimmt der unbefangene Leser Wolf Larsen auf. Doch warum rettet das Monster den schiffbrüchigen Van Weyden? Warum befördert er ihn nach kurzer Zeit zum Steuermann? Warum warnt er ihn vor sich? Warum züchtet er durch die harte Schule an Bord in dem Ästheten einen starken Gegner heran? Spieltrieb und Experimentierfreude erklären allein nicht die Zuwendung. Hunger nach gehobenem Gespräch, Sehnsucht nach verlorenen Träumen überzeugen schon mehr. Larsen erschüttert es förmlich, zum ersten Mal in seinem Leben das Wort »Ethik« ausgesprochen zu hören, eine Minute lang hält er inne. Später bricht aus ihm der Neid heraus auf den Illusionismus und den Trost der Träumereien von unsterblicher Seele und guten Taten. Verschlossen ist ihm solch süßer Selbstbetrug, zu stark widersprechen Fakten und Vernunftgründe.

Larsens Verhalten gegenüber Van Weyden leiten pädagogischer Ehrgeiz und psychologische Neugierde. Auf seinen eigenen Füßen zu stehen, lernt der verweichlichte Kritiker in einem brutalen Schnellkurs. Zu den Methoden Larsens gehört es, ihn bis zur Besinnungslosigkeit zu würgen und dem fast Erstickenden dabei philosophisch-physiologische Beobachtungen über die Auswirkungen der Atemnot zu schildern. Mit klarer Logik entlarvt er Van Weydens weltfremdes Wohlleben an Land als Schmarotzertum mit ästhetischem Anstrich, die ethischen Ideale als verlogene Schimären ohne Bezug zur sozialen Wirklichkeit.

Doch der schiffbrüchige Literat wirkt auch auf den gewalttätigen Kapitän, dessen Lieblingsheld nicht umsonst Hamlet ist. Er erkrankt, kurz nachdem er Van Weyden an Bord nimmt. Erst jetzt plagen Wolf Larsen, der stets gesund gewesen, Kopfschmerzen, bald anfallsweise Orientierungslosigkeit, Schwäche, schließlich Blindheit, progressive Lähmung und totale Paralyse. Er selbst vermutet einen Hirntumor, doch ist es vornehmlich eine symbolische Ansteckung: Nach einem Gespräch über Religion packt ihn ein Anfall, ein weiterer, schlimmerer, bei einem Angriff auf Maud Brewster, die letzte Attacke auf Van Weyden löst eine Lähmung aus. Larsen vergleicht sich mit Luzifer, dem aus dem Himmel höllentief hinabgeschleuderten Widerspruchsgeist, stolz und einsam und frei, er ähnelt aber auch Caliban aus Shakespeares *Sturm*, dem die Bildung Qual des Selbstbewußtseins bereitet, die nur darin gemildert wird, daß ihm die verhaßte Sprache ermöglicht, seinen Lehrmeister zu verfluchen. Zuletzt identifiziert sich der an Schwermut Sieche mit dem Prediger Salomon, allerdings ohne religiösen Trost zu akzeptieren. Die ihm auf der »Ghost« ausgelieferten Mitgeschöpfe zu piesacken, mit ihnen Versuche anzustellen, ihren Körper und Geist prüfend zu foltern, bis sie als eigenständige Wesen zu existieren aufhören, weil ihre Persönlichkeit restlos vernichtet oder weil sie getötet werden, unternimmt Wolf Larsen einerseits, um sich selbst lebendig und überlebend zu fühlen, andererseits treibt ihn eine Sehnsucht, vielleicht doch etwas zu finden, das seine materialistischen Theorien widerlegen könnte, einen göttlichen Funken, denn wohl kennt er Schaffensfreude, Inspiration durch Schönheit, höchste Lebenslust in brausender Passatwindfahrt und trotzig-triumphalen Kampfgeist im Sturm. Das letzte gesprochene Wort, das sich dem gelähmten Leib entlocken läßt, klassifiziert die Unsterblichkeit: »Quatsch«. Der nunmehr im starren Fleisch gefangene Geist findet erst jetzt zu vollkommener Klarheit und Freiheit. Wenig später stirbt Wolf Larsen, seinen Körper kippt Van Weyden in die See.

Wie ein Schweinekopf auf der Stange die Fliegen, so lockte die faszinierende Figur die Filmemacher an. Von den zehn Verfilmungen sind allerdings nur zwei der Rede wert, weil deren Hauptdarsteller verstanden, den Geist des ebenso intelligenten wie melancholischen Ungeheuers zu verkörpern.

Groß war die Herausforderung für Edward G. Robinson, damals 48, dessen Körperlänge, Statur und Gesicht Jack Londons apollinischem Athleten geradezu grotesk widersprachen. Entsprechend änderten Regisseur Michael Curtiz und sein Autor Robert Rossen für ihren Film *The Sea Wolf* von 1941 (ein Jahr vor *Casablanca*) die Figuren wie die

Handlung durchgreifend, retteten aber dennoch viel vom Geist der Vorlage. So kennt Robinsons Wolf Larsen keine Zufriedenheit, keine Befriedigung als die Augenblicke kurz nach kleineren und größeren Siegen. Tiefe Nebelmelancholie breitet sich über die Szenerie (die Studios hatten gerade Nebelmaschinen entwickelt). Schwermütiger noch, pessimistischer und weniger experimentiergierig als bei London beherrscht Robinson sein Schiff, lauernd, gerade in seiner Kleinheit gefährlich. Explosiv entladen sich Energien in Attacken auf größere Gegner, die er meist in kluger Psychologie des *divide et impera* gar nicht braucht. Den Doktor (der an Bord eine Bluttransfusion durchführt!) opfert er genauso wie den Koch, um Aggressionen der Mannschaft ein Ventil zu geben. Weil Van Weyden (Alexander Knox) nicht so positiv gestaltet ist, nähern er und Wolf Larsen sich noch stärker an, sie verbeißen sich intellektuell und psychisch ineinander, bis sie am Ende gemeinsam untergehen. List ist sein Metier, sein Wille stärker als sein Körper, seine Philosophie allerdings filmgerecht primitiv. Nietzsche, Darwin, Spencer, de Quincey, Milton – hier klingeln Namen nur ohne tieferen Sinn (zumal in der fürchterlichen deutschen Fassung, die 15 Minuten kürzt).

Viel mehr Zeit ließ sich da das Fernsehen 30 Jahre später, als Wolfgang Staudte in einem Weihnachts-Vierteiler (je 90 Minuten lang) Wolf Larsen eine Vergangenheit und eine Zukunft nach Motiven anderer Romane Jack Londons erschuf *(Abenteuer des Schienenstrangs, Joe unter Piraten, Ein Sohn der Sonne)*. Da alle Romane autobiographisch geprägt waren, gelang die Verbindung erstaunlich gut. Obwohl handwerklich sauber gearbeitet, erinnerte sich heute wohl niemand mehr der Fernsehfilme, hätte nicht Raimund Harmstorf den Seewolf gespielt. Viele Rollen kamen nach dieser, sogar als Old Firehand, als Santer und Old Shatterhand spielte er bei Karl-May-Festspielen, doch niemals hörten die Menschen auf, ihn um das Zerdrücken von Kartoffeln zu bitten. Über der einen effektvollen Szene geriet seine psychologisch und physisch überzeugende Darstellung in Vergessenheit: der Genuß an der eigenen Kraft und Attraktivität, die steigende Wut, kühle und erbarmungslose Neugier, latente Gefährlichkeit, die depressiven Schübe und schließlich der körperliche Verfall. Tragische Ironie schlug ihn mit Wolf Larsens Gebrechen; nach einer Verletzung, nach Depressionen und nach zudringlichem Verhalten von Reportern der Regenbogenpresse erhängte er sich 1998.

Der Seewolf
(The Sea Wolf)
USA 1941; R: Michael Curtiz; Db: Robert Rossen; D: Edward G. Robinson (Wolf Larsen), Alexander Knox (Humphrey Van Weyden), Ida Lupino (Ruth Webster), John Garfield (George Leach).

Der Seewolf
BRD/Rumänien 1971, 4×90 min TV; R: Wolfgang Staudte; Db: Walter Ulbrich; D: Raimund Harmstorf (Wolf Larsen), Edward Meeks (Humphrey Van Weyden), Beatrice Cardon (Maud Brewster), Peter Kock (George Leach).

FRANK SCHÄFER

Ästhet des Terrors

Alex DeLarge (Uhrwerk Orange / A Clockwork Orange)

In einer gar nicht mehr so fernen Zukunft lebt ein halbstarker Unhold von schier animalischer Boshaftigkeit. Wirklich Zukunft? Anthony Burgess, der Alex DeLarge 1962 als Protagonist und Ich-Erzähler seiner Anti-Utopie *A Clockwork Orange* literarisches Leben einhaucht, dachte vielleicht an die Mitte der 80er Jahre. Am Ende sogar

1984? Noch Stanley Kubrick, der im Jahr 1971 die Romanvorlage für seine Belange zurechtstutzt, überspitzt und vielfach verkürzt, aber auch in eine grell-suggestive und bis heute gültige Kinovision überführt,* hat wohl diese für ihn nahe Zukunft im Sinn. Für uns heutige Couch-Potatoes bzw. Programmkinogänger sind Setting und Ausstattung des Films allerdings so sehr 70er-Jahre-like, daß sich das utopische Element darin möglicherweise ganz verlöre und wir uns statt dessen in einer anachronistischen Milieustudie oder einem obsoleten Sozialdrama wähnten – wenn, ja, wenn diese Sprache nicht wäre.

Alex und seine drei Droogs Pete, Georgie und Dim (Doofie) sprechen »Nadsat«, eine Art »Steppenidiom« (Klappentext), ein aus Slawismen, zigeunersprachlichen und altenglischen Slangvokabeln kontaminiertes Teenagerargot, für das sich Burgess, der Joyce-Adept, ganz offensichtlich von *Finnegans Wake* inspirieren lassen hat und das auch im Jahr 2000 noch hübsch zukünftig klingt (übrigens auch in Wolfgang Kreges wunderschöner deutscher Übersetzung). Schon die Exposition ist furios: »Wir saßen im Korowa … und zerbrachen uns den Gulliver, was wir mit dem Abend anfangen sollten, einem dünnen, dunklen Winterabend, hundekalt, aber trocken. Das Korowa war ein Milch-plus-Mesto, aber ach, Brüder, wo sich heutzutage alles so skorri ändert und gleich wieder vergessen wird, und weil ihr ja auch keine Zeitung lest, da werdet ihr gar nicht mehr wissen, was das damals für Mestos waren. Was es da also gab, das war Milch plus Weißichwas. Für die geistigen Getränke hatten sie keine

---

* In der Romanvorlage besitzt Alex übrigens keinen Familiennamen. »DeLarge« (»Alexander der Große« bzw. »mit dem Großen«) ist eine Erfindung Kubricks, der ein Faible dafür hatte, seine Akteure mit sprechenden und auch zotigen Nachnamen zu etikettieren. Man vergleiche nur die Namen der hochdekorierten Generäle in *Dr. Seltsam oder Wie ich lernte, die Bombe zu lieben.*

Lizenz, aber gegen manche von den neuen Wetschen waren damals die Gesetze noch nicht fertig, und so bekam man denn Velozet, Synthomon oder Drencomat und noch so zwei oder drei andere Sachen in die gute alte Molocke gemixt. Das brachte einem eine schöne stille Viertelstunde, echt horrorshow, wo ihr den lieben Bog mit all seinen Engeln und Heiligen im Himmel auf der linken Schuhspitze tanzen sehn konntet, und der ganze Gulliver ging euch auf wie ein einziges Feuerwerk. Oder ihr konntet auch Messermilch pitschen, wie wir sie damals nannten, denn sie machte einen scharf auf eine Runde Zwanzig-gegen-einen.«

Keine Arbeit, keine Ahnung, wie es weitergeht, Sex, Drogen, Gewalt – das sind offenbar zu allen Zeiten die Parameter des juvenilen subkulturellen Lebens. Alex, *leader of the pack*, erzählt von wilden nächtlichen Orgien, von »krasten, tollschocken, Leute mit der Britwa schlitzen«, vom »Reinraus mit Petiezen« etc. Einmal mehr »die Ultra-Brutale«. Aber Alex ist kein tumber Schlagetot, wie sein Droog Doofie etwa, der zwar »fabelhaft akkurat mit dem Stiefel« war und kämpfen konnte »wie eine tollwütige Ratte«, der aber nicht »den Schimmer einer Ahnung von den höheren Dingen im Leben« hat. Nein, Alex ist anders, ein Künstler, der Beethoven liebt, der Stil hat und nicht zuletzt auch auf das gepflegte Äußere seiner Droogs einigen Wert legt. Die schmuddelige Kutte der Street-Gangs früherer Tage hat längst ausgedient: »Alle vier trugen wir Plattis, die voll im Trend lagen, und das hieß damals, sehr enge schwarze Hosen mit der zwischen den Beinen aufgenähten Puddingform, wie wir das nannten, teils zum Schutz und teils als Logo, das man bei einer bestimmten Beleuchtung gut sehen konnte: meine hatte die Form einer Spinne … Darüber trugen wir taillierte Jacken ohne Revers, mit bullig wattierten Schultern oder Pletschos, zur Veralberung von Leuten, die solche Schultern in echt hatten. Und dann, Brüder, trugen wir damals noch Halsbinden, solche weißlichen Tücher, die aussahen wie Kartoffelbrei, wenn man mit der Gabel ein Muster hineindrückt. Die Haare waren nicht zu lang, und an den Füßen hatten wir schwere Treter, echt horrorshow für den Nahkampf.«

Ein modischer Hooligan. Und ein Ästhet des Terrors noch dazu. Alex zelebriert die Gewalt: Die Exzesse selbst scheinen einer ausgeklügelten Dramaturgie zu gehorchen – und seine emphatischen Schilderungen sind echte sprachliche Kabinettstückchen. Fürwahr, meine Brüder: »Ich hielt ihr die Rucke vor die Flappe, damit sie nicht Mord und Verheerung in alle vier Winde hinausschrie, aber diese Hundemutter biß mir tief und giftig rein, und nun war ich es, der schrie, und schon ließ sie einen schönen schrillen Brüller nach der Polizei los. Ging nicht anders, sie mußte richtig getollschockt werden, erst mit einem Gewicht von ihrer Waage und dann noch mal mit einer Brechstange, die zum Kistenöffnen dalag, und die rote Tinte kam raus wie eine alte Freundin.« Ist das nicht schön?

Als Alex und seine Droogs bei ihrer nächtlichen Streife auf eine rivalisierende Gang stoßen und wir dann also Zeugen eines heftigen Reviergerangels werden, das sie selbstverständlich für sich entscheiden können, kommt sogar der Mond, als Signum des Poetischen, zu seinem uralten Recht – er darf den neoromantischen Kampf in numinoses Licht tauchen: »Also teusten wir im Dunkeln, und die alte Luna mit den Astronauten ging gerade erst auf, und die Sterne blitzten wie Messer, die mittun wollten. Einem von Billyboys Droogs konnte ich mit der Britwa von oben bis unten die Plattis aufschlitzen, ganz glatt, ohne den Plotti unter dem Stoff zu berühren, und als der Junge mitten im Geteuse plötzlich merkte, daß er vorn aufgezippt war wie eine Schote, mit bloßem Bauch und baumelnden Jarbeln, da drehte er durch, fing an zu brüllen und zu fuchteln und paßte einen Moment nicht auf den braven Doofie mit seiner whusssssschenden Kette auf, und der brave Doofie zog ihm die Kette voll über die Glassis, und Billyboys Droog taumelte von dannen und schrie sich das Herz aus dem Leibe.« Dieser Rhythmus, dieses feine Melos der Sprache!

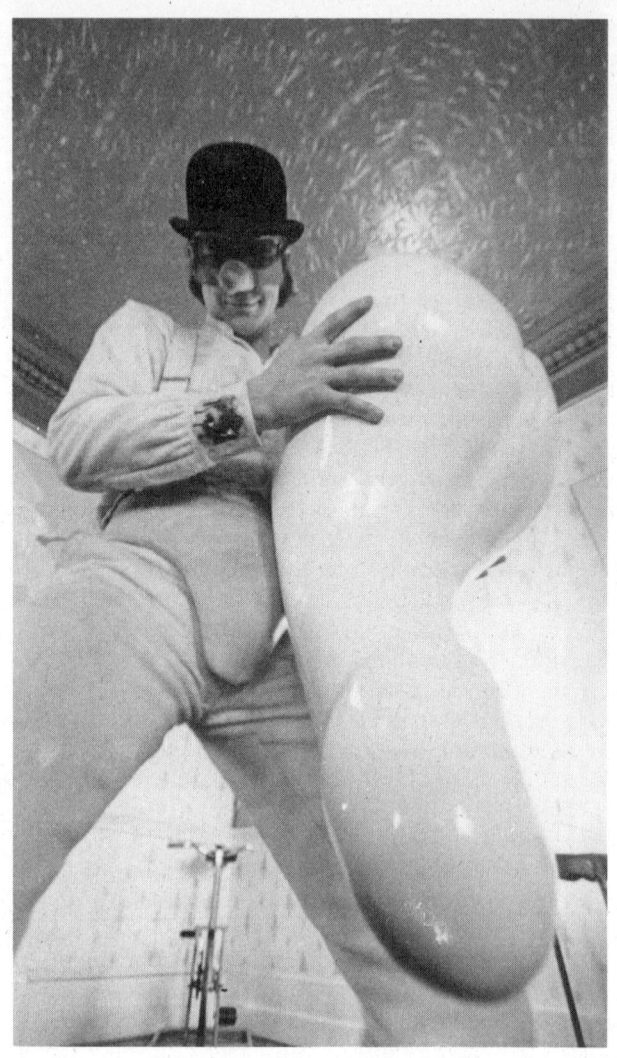

Uhrwerk Orange
Malcolm McDowell

Und doch gibt es da noch eine schönere Stelle, in der die Worte leis zu illuminieren beginnen und nachgerade zu sich selbst kommen. Nämlich als Alex ein Aufbegehren in den eigenen Reihen niederzuschlagen hat und die alt-bewährte Hackordnung mit ihm an der Spitze wiederher-stellt: »... dann zählte ich ras, dwa, tri, und machte ek, ek, ek mit der Britwa, aber nicht nach den Augen oder dem Litso, sondern nach Georgies Noschhand, und, meine kleinen Brüder, er ließ den Nosch fallen. Tatsache, der Nosch klirrte auf das harte, winterkalte Pflaster. Ich hatte ihm nur so ein wenig die Griffel angekitzelt mit meiner Britwa, und schon guckte er besorgt auf das malenkige bißchen Kroffi, das rot ins Laternenlicht trielte.«

Alex hat noch einmal Glück gehabt. Einmal allerdings hat er auch Pech. Bei einem Einbruch erschlägt er eine »alte Petieze« und wird von der Polizei gefaßt, weil seine wieder einmal meuternden Mannen ihn verraten. Er kommt für eine Weile ins Gefängnis, läßt sich aber als Versuchsperson für eine neuartige Resozialisations-, die »Ludovico-Methode« gewinnen, die ihn mittels einer Gehirnwäsche auf das Gute konditionieren, jeden krimi-nellen Impuls also vollständig ausmerzen soll. Und in der Tat, Alex bekommt physische Schmerzen, wenn er seiner alten Leidenschaft nachzugehen sucht. Die Ärzte entlas-sen ihn also, vom Bösen geheilt, aber seelisch so kaputt, daß er sich in der weiterhin erbarmungslosen Gesell-schaft nicht mehr zurechtfindet und sogar von seinen ehemaligen Gefährten durch den Wolf gedreht wird.

Er gerät schließlich an die politische Opposition, die den repressiv-totalitären Kern der »Rückgewinnungs-Behandlung« längst erkannt hat. Jeder Mensch – einer-lei, ob gut oder schlecht – hat ihrer Ansicht nach ein Anrecht auf Unantastbarkeit seiner Persönlichkeit. An-dernfalls nämlich sei man sehr schnell bei einem »Totali-tarismus mit allen Schikanen«: »Wird nicht die Regie-rung bald allein entscheiden, was ein Verbrechen ist und was nicht, und all denen, die der Regierung nicht genehm sind, Willen, Mut und Energie abzapfen!« Überdies lassen sich Gut und Böse nicht so einfach voneinander trennen. Selbst die Apologeten der »Ludovico-Methode« müssen einräumen: »Die Abgrenzung ist immer schwierig. Die Welt ist aus einem Stück, das Leben auch. Die schönsten und himmlischsten Dinge haben in gewissem Maß an der Gewalt Anteil – der Geschlechtsakt zum Beispiel, die Musik ebenso.« Kurzum, das eine ist ohne das andre nicht zu haben.

Deshalb bestehen die Oppositionellen auf der freien Wahl – anstelle des Zwangs (»Das Gute ist etwas, das man wählen muß. Wenn ein Mensch nicht wählen kann, ist er doch kein Mensch mehr«) – und versuchen, mit Hilfe des ersten Opfers Alex die Regierung zu stürzen: Er soll zum Selbstmord getrieben werden, um die Inhumanität der Methode zu beweisen, wird psychisch terrorisiert und stürzt sich dann tatsächlich aus dem Fenster.* Aber er überlebt. Der Innenminister, dem Druck der mittlerweile mobilisierten Öffentlichkeit nachgebend, räumt seinen Fehler ein; die »Ludovico-Methode« wird aufgegeben, Alex wiederhergestellt und mit einem guten Job abgefunden. Im letzten Kapitel zieht Alex mit neuen Droogs herum – die alte Leier, krasten, tollschocken, Leute mit der Britwa schlitzen … –, macht aber nur noch halbherzig mit. Er wird langsam zu alt für diese Späße, eben erwachsen! Als er seinen alten Kumpan Pete wiedertrifft, der inzwischen geheiratet hat, ein harmloser Bürger geworden und augenscheinlich glücklich dabei ist, beschließt auch er, sich eine »Dewotschka« zu suchen und mit ihr eine Familie zu gründen.

Und wieder einmal geht ein genuiner Schurke, ein Gewaltkünstler, der zu großen Hoffnungen Anlaß gab, zum Biedermann und Philister geläutert aus seinen Abenteuern hervor. Ein weiterer irisierend-abstoßender, blendend-

---

* Kubrick stellt das mehr als Racheakt des Schriftstellers Alexander dar, eines der Opfer von Alex, der auch das Buch im Buch *A Clockwork Orange* schreibt. Die Namensgleichheit, wie immer man sie deuten will, ist folglich schon Burgess' Idee.

individualistischer Held des Verbrechens verspießert, geht auf in der grauen Masse in einer grauen Welt. Aber ein kleiner Hoffnungsschimmer bleibt doch am Ende des Buches (nur des Buches, denn der Film hat auf den harmonisierenden Schluß gleich ganz verzichtet, zum Ärger Burgess'): »Mein Sohn, mein Junge. Wenn ich meinen Sohn erst mal hätte, würde ich ihm das alles erklären, sobald er starrig genug wäre, es irgendwie zu verstehen. Aber dann begriff ich auch gleich, daß er es nicht verstehen würde oder nicht würde verstehen wollen und daß er alle Wetschen machen würde, die ich auch gemacht habe, ja, und vielleicht sogar eine arme alte Forelle ... totschlagen, und ich würde gar nichts tun können, um ihn davon abzuhalten. Und wenn er dann wieder einen Sohn hätte, Brüder, würde der auch nichts tun können. Und so ginge das immer weiter bis an der Welt Ende, als ob so ein bolschiger Riese von einem Tschelluffjek, womöglich der alte Bog selber ..., in seinen riesigen Rucken eine faule, kraschnige Orange hält und sie immerfort dreht und dreht und dreht.« Für Nachschub ist also gesorgt.

Uhrwerk Orange
(A Clockwork Orange)
GB 1971; R: Stanley Kubrick; Db: Stanley Kubrick; D: Malcolm McDowell (Alex DeLarge), Patrick Magee (Mr. Alexander), James Marcus (Georgie), Michael Tarn (Pete), Warren Clarke (Dim).

Rede des Lope de Aguirre aus dem Grabe heraus, daß kein Tod sei

Ich bin nicht Aguirre, der Zorn Gottes! Bin nicht jener da, nicht der andere. Bin kleiner und größer. Bin ein Baske. Ich bin Lope de Aguirre, der Konquistador, der Krüppel, der Königsverächter. Mein Name lebt, lebt stark und reich, trotz aller Anstrengungen der Krone, ihn mit mir auszulöschen. Erschossen haben mich die eignen Leute, doch nicht aufs erste Mal. Schlechte Schützen, oder zitterten ihnen die Hände, weil sie mich mit dem Teufel im Bunde glaubten? Die Gliedmaßen vom Rumpf schlugen mir die Helden, den Kopf steckten sie in einen Eisenkäfig, wie weiland den des armen Gonzalo Pizarro. Meine Hände sandten sie nach Ost und West zum Zeichen des Triumphs und als Abschreckung. Verbrannten sie auch den Rest, machten mir postum den Prozeß, erklärten mich meiner Titel, meiner Habe und meines Namens für verlustig, verfluchten sie auch alle meine Nachkommen: Ich, Lope de Aguirre, lache ihrer, denn ich habe keine Nachkommen, keinen Besitz, und auf Titel speie ich. Mein Name überstand alle Verfolgung, über die Jahrhunderte hinweg begann er sein eigenes Leben zu leben und unabhängig zu werden von mir wie ich von Spanien.

Ich bin ein Baske! Geboren wurd' ich anno 1511 in der Provinz Guipúzcoa. Was gab es dort für mich zu hoffen? Längst geschlagen die letzten Heere der Heiden, die Reconquista vollendet. Wieviel mehr gab es zu hoffen in Neukastilien über dem Meer, das Pizarro den Inkas entrissen. Mit 26 kam ich an in einer wahrhaft Neuen Welt. Aber die Menschen waren die alten geblieben, ja zügelloser, gieriger, kriegerischer noch als in der Alten Welt, weil Willkür waltete überall und Macht als Recht. Selbst die Beamten, die Mönche, fern der Heimat strenger Sitten, bereicherten sich, waren käuflich und geil.

Nun, so dachte ich, hier findest du wohl ein Auskommen auch für dich. Pferde richtete ich ab, machte aus ungestümen Tieren tapfre Kriegsrosse und lebte davon und hielt mir Indianer zur Bedienung. Wirre Zeiten herrschten im Reich, das Pizarro den Inkas abgetrotzt. Kriege und Scharmützel unter uns Konquistadoren dauerten länger fast als die friedlichen Tage. Wer zu Recht die Regierung innehatte, wußte ich oft nicht. Daß aber der fünfte Karl, daß später der zweite Philipp Silber und Gold und immer mehr Silber und Gold forderten von dem, was wir mit unserem Blut und Gut erkämpft hatten, das sah ich. Neue Gesetze erließ man, die Steuern zu regeln, das Recht zu befördern. Verdammte Dominikaner-Patres begannen zu sorgen für den Leib der Indios, nicht mehr nur für ihr Seelenheil. Fette Federfuchser schränkten drauf ein den Gebrauch der Sklaven. Schlimmer noch, viele davon nahmen die Beamten mir. Und das einem baskischen Hidalgo! Wider mein Wissen kämpfte ich dennoch, da mein liebster Feind, Gonzalo Pizarro, sich erhob gegen die Rebellen und hoffte auf Lohn und Ehre. Als nach schweren Schlachten die Aufrührer aber Frieden suchten, nahm der vermaledeite Vizekönig sie in Gnaden an und hofierte sie und setzte sie ein in hohe Ämter, so daß sie spotteten über uns treue Einfältigen, die leer ausgingen. Oh, wieviel mehr noch schmerzte das als mein verkrüppeltes Bein, Andenken des fluchwürdigen Königsdienstes.

Es wuchs wie meine Bitterkeit die Armut, doch sank mir nicht mein Mut. Ich bin ein Baske! Die gesunden Arme und mein Schwert lieh ich bald dieser, bald jener Sache. Als aber eine Expedition ausgerufen wurde im Jahr 1559, den Amazonas hinab, zu suchen die goldreichen Gegenden von Omagua und das Land Dorado, von dem Indianer gekündet, da machte auch ich mich auf mit meinem Pferd; hohnlachend über des Vizekönigs Trachten, viel feile Krieger in den sichern Tod zu schicken. Don Pedro de Ursúa leitete den Zug, ein Günstling vormals und ein betrügerischer, durch Kriegsglück wieder weißgewaschen.

Der Aufbruch schon bot düstre Zeichen: Es sanken die Schiffe, die den Fluß uns hinabtragen sollten. So bauten wir Flöße und fuhren davon, ich und meine Tochter, die schutzlos nicht zurückbleiben durfte, 300 spanische Kämpen, 27 Pferde, 20 Neger, einige Schock Indianer, drei Kuttenträger und dazu die Dirnen. Bald schon fanden wir nicht zu essen in Dickicht und Sumpf, verirrten uns im Wasserwirrwarr, verfehlten Indianerdörfer, uns zu versorgen.

Ich hielt mit andren drauf den Pedro de Ursúa nicht für würdig, weiter uns zu führen, weil er, statt sich mit harter Hand dem Heer, mit weicher seiner Metze, der Mestizin Inés de Atienza, widmete. Es mußte unser aller Ende sein, ihn so gewährn zu lassen. Also erstachen wir ihn am Neujahrstage 1561, ich und ein Dutzend edler Männer, und wählten Don Fernando de Guzmán zu unserem Herrn. Ich aber wurde ernannt zum Maestro de Campo, das aufgewühlte Kriegervolk im Zaum zu halten.

Nach drei Monaten, in denen wir Schiffe bauten in der Gegend Machifaros am Marañon, beschlossen wir, nicht weiter zu suchen nach dem Dorado, weil es nur eine erdichtete Lüge sei der Indianer, und daß wir hinab wollten den Strom bis zum Ozean, um Neuspanien zu erobern, wie einst Cortés es getan. Waffen wollten wir erbeuten auf der Insel Margarita und unseren Kämpfern hinzufügen unzufriedene Spanier und Neger, denen wir die Freiheit versprechen würden. Mit ihnen wollten wir nehmen Panama und ganz Neukastilien entreißen den königlichen Verwaltern. Von dem zweiten Philipp sagten wir uns los feierlich und bestätigten es durch eine Urkunde, die wir alle unterschrieben aus freiem Willen, weil er keinen Tropfen seines Blutes eingesetzt hatte bei der Conquista dieser Neuen Welt und sie ausplünderte mit seinen Dienern ohne gerechten Lohn für die Krieger. Wir setzten dagegen ein und erhoben zu unserem Principe den edlen Don Fernando de Guzmán.

Alsbald aber wuchs Zwietracht, und Zwist wucherte zwischen uns. Manche wollten umkehren, andere fliehen, wieder andere mich angreifen und töten – unter ihnen der Principe Don Fernando de Guzmán. Doch war ich auf der Hut und durchschaute ihre Herzen, als wären sie aus Glas. Es mußten sterben Lorenzo de Zalduendo, dazu die, die er geerbt hatte und beschlief, Inés de Atienza, darauf die, so den Pakt beschworen und gezeichnet hatten und doch auf Rückkehr sannen, sechs Männer, ein Mönch und auch der wortbrüchige Principe Don Fernando de Guzmán. Mit gutem Wind erreichten wir, weniger drei weitere Verschwörer, die Insel Margarita, wo wir unsre Schiffe hinter uns verbrannten, die Besatzung der Festung überlisteten, die Beamten erdrosselten mit der Garotte und Geiseln nahmen, die königliche Kasse plünderten und den Pranger schleiften. Feiglinge unter den Meinen ließ ich hinrichten. Dennoch lief einer über zum Dominikanerprovinzial, und meinen Feldzugsplan verriet er. So suchte ich, den Landweg zum Isthmus von Neu-Granada zu nehmen. Dort sagte ich in einem Brief an den zweiten Philipp ganz Neukastilien von Spanien los und ledig für alle Zeit. Mehrere feige und tugendlose Männer hatten noch zu sterben, weil sie der Krone sich ergeben wollten, die lockte mit trügerischer Amnestie. Auch den andern Memmen schwand bald der Mut und die Hoffnung auf den Sieg, der doch so nah.

Sie nahmen an das Pardon des Königs und kehrten sich wider mich! Da gab ich meiner Tochter den Tod und ging meinem entgegen und fand ihn durch viele Kugeln, schlecht geschossen von zitternden Händen.

427 Jahre später, da ich schon ein Heros geworden war der Basken, ein Leitstern für die, so unabhängig hatten werden wollen, als ich das Schreckbild spanischer Landräuber und Indioschinder geworden, ein Gewaltherrscher und Held der Freiheit, da nahm der Spanier Carlos Saura sein Geld und das Geld seines Landes Spanien und das Geld von Italien und von Frankreich und nahm noch vieler Leute Geld, um in bewegten Bildern meiner zu gedenken. *El Dorado* nannte er sein Werk, in dem ich, Lope de Aguirre, ein Baske, knie vor einem hergelaufenen

Indiokaziken, um Frieden und Weihnacht im Urwald zu feiern! Wunderherrliche Bilder freilich gibt es zu sehen, doch erkenn' ich nichts wieder, so reinlich die Männer, die Frauen, kein Schlamm und kein Blutegel und kein Sumpf. Dazu der, der mich vorstellt, ein Höfling eher, obzwar kräftig, viel größer als ich, ein Zärtling. Er gleicht mir nicht.

Auslöschen wollt' der spansche Saura mit diesen seinen Bildern die Bilder eines andern, der meinen Namen, »Aguirre, der Zorn Gottes«, zum Sprichwort gemacht in aller Welt. Ein Deutscher, fürstlichen Geblüts, Herzog Werner, kam mitten hinein in die Regenwaldwelt, wo die grünen Ameisen träumen, ins Land des Schweigens und der Dunkelheit, mit einem Troß. Darunter jener, der mir ähnlich-unähnlich, ein unedler Mensch, wahnnah, doch gewaltig voll Ehrgeiz und unbezähmbaren Willens. So wie ihm waren mir die Braunen Vieh, zum Ziehen wohl geeignet, zum Dienen. So wie er hielt meine Tochter ich in Ehren, hielt zärtlich Leiden von ihr ab. Vielleicht, es ist schon lange her, bracht' ich, wie er, ein Faultier ihr: »Sieh«, sagt er, »dies Tierchen verschläft fast sein ganzes Leben.« Verkrüppelt geht auch er. Ein Bruder ist er mir vielleicht, ein Verwandter sicher, verwandt dazu Pizarro, Gonzalo und Francisco und Cortés. Klug und durchtrieben handelt er, wie ich, achtet nicht der christlichen Gepflogenheiten, wenn Gefahr sie bringen. Auch ich hätt' zerschossen das Floß mit den Toten, die zu bestatten Wahnsinn mehr als Glaube bewies, denn in des Urwalds Hölle ist jeder für sich und Gott gegen alle! Wahr spricht auch der Mönch dort, Gaspar de Carvajal: »Für das Wohl des Herrn war die Kirche immer auf der Seite der Starken.« Seine Macht über Pferde ähnelt mir: Von seiner Stimme, als hätt' der Blitz getroffen, fällt das Tier.

Doch nie hätt' ich wie er getobt, geflucht, unflätig gesprochen vor den Damen, Sklaven geschlagen mit eigener Hand! Auch war mein Aufruhr nicht ein Spiel im Sand, war wohlerwogen und versprach Gelingen. Des Kinskis Wüten, die Farcen der Erhebung des Guzmán, des Ursúa Gericht und Hinrichtung gehören mir nicht an; früher hätt' ich Maßnahmen gegen Fanatiker getroffen. Ohne Skrupel war ich wie er, doch bösartig langsam, wie die grüne Kobra ihre Opfer quält' ich die Feinde nicht. Mächtig war meine Rebellion, unmäßig meinten manche, doch niemals so verrückten Worts wie hier: »Ich bin der große Verräter. Es darf keinen größeren geben! Wer auch nur wagt, ans Davonlaufen zu denken, wird in 198 Teile gehauen. Dann wird auf ihm so lange herumgetrampelt, bis man mit ihm die Wände streichen kann. Wer auch nur ein Korn Mais zuviel ißt und einen Tropfen Wasser zuviel trinkt, der wird eingesperrt für 155 Jahre. Wenn ich, Aguirre, will, daß die Vögel von den Bäumen fallen, dann fallen die Vögel tot von den Bäumen. Ich bin der Zorn Gottes! Die Erde, über die ich gehe, sieht mich und bebt.«

Oh, Herzogs Aguirre, seltsamer Blutsverwandter, dir hat der Pfaffen Wort, die Sonnenglut das Hirn verwirrt. Du folgst einer Fata Morgana. Dein Weg stromab führt in des Wahnsinns trägen Strudel, allwo kein Schutz ist vor den Indiopfeilen. Dir stirbt die Mannschaft, stirbt die Tochter. Auf dem Floß kein menschliches Lebenszeichen mehr. Allein bleibst du zurück, fern von des Meeres Wellen, fern von dem Ziel. Mitleid bewegt mein Herz mit dir, geschlagner Mann. Deine große Ekstase inmitten all der Leichen auf dem Floß, deine letzten Worte: »Wir halten durch. Ich bin der Zorn Gottes! Wer sonst ist mit mir?« predigst du allein den Ohren Hunderter von Äffchen mit dem Totenkopfe.

Aguirre, der Zorn Gottes
BRD 1972/73; R: Werner Herzog; Db: Werner Herzog; D: Klaus Kinski (Lope de Aguirre), Helena Rojo (Inez de Atienza), Del Negro (Gaspar de Carvajal), Ruy Guerra (Ursúa), Peter Berling (Guzmán), Cecilia Rivera (Flores, Aguirres Tochter).

El Dorado

Spanien/Frankreich/Italien 1988; R: Carlos Saura; Db:
Carlos Saura; D: Omero Antonutti (Lope de Aguirre),
Lambert Wilson (Ursúa), Eusebio Poncela (Guzmán),
Gabriela Roel (Inés de Atienza).

Literaturempfehlung: Ingrid Galster: Aguirre oder Die
Willkür der Nachwelt. Die Rebellion des baskischen Kon-
quistadors Lope de Aguirre in Historiographie und Ge-
schichtsfiktion (1561–1992). Frankfurt/Main 1996.

KLAUS BITTERMANN

Ein romantischer Verlierer

Der verliebte Gangster Moose Malloy (Farewell, My Lovely)

Moose Malloy hat in der Geschichte des Verbrechens
keine großartigen Spuren hinterlassen, und kaum jemand wird sich an ihn erinnern, abgesehen von ein paar
hartgesottenen Marlowe-Fans, die regelmäßig eine Reise
in die gesammelten Werke Raymond Chandlers unter-
nehmen. Moose Malloy ist weder ein Gangster von Format, noch zeichnet er sich durch besondere intellektuelle
oder handwerkliche Fähigkeiten aus, er ist kein Panzer-
knacker, kein eleganter Juwelendieb, kein Little Cesar,
kein Mafia-Boß und kein durchgedrehter Scarface, der
die Welt in Brand stecken will, kein moderner Robin
Hood, der in seinem Freiheitsbestreben mit dem Gesetz in
Konflikt gerät, kein Psycho, kein Pyromane und kein
durchtriebener Bösewicht. Moose Malloy, der in Chandlers *Farewell, my lovely* nur einen bescheidenen Auftritt
hat, ist kein großes Licht, aber ein Mann, bei dem Angst
nicht eingebaut ist und der deshalb den gefährlichsten

Job im kriminellen Milieu gewählt hat. Als Bankräuber braucht er in erster Linie nur Mut, und davon hat er reichlich. Aber Mut allein reicht nicht. Man darf sich auch nicht erwischen lassen. Und diese Cleverneß fehlt ihm.

Moose Malloy ist nur in einer Hinsicht auffällig. Er ist »nur knapp zwei Meter groß und nicht ganz so breit wie ein Bierwagen«, ein Schläger und Rausschmeißer, wortkarg und rauh, eine Romangestalt, über die selten mehr als zwei oder drei Sätze verloren werden. Chandler hatte jedoch ein Faible für die kleinen Rollen, die er in seinen Krimis mit großer Liebe zum Detail für ein paar Seiten zur großen Nummer machte, bevor sie wieder in der Versenkung verschwanden: »Es lohnte schon, den Kopf nach ihm zu wenden. Er trug einen plüschigen Borsalino, eine grobe graue Sportjacke mit weißen Golfbällen anstelle von Knöpfen, ein braunes Hemd, einen gelben Schlips, weite, scharfgebügelte graue Flanellhosen und Krokoschuhe mit weiß an den Spitzen explodierenden Kappen. Aus seiner äußeren Brusttasche quoll ein Ziertuch im selben knalligen Gelb wie sein Schlips. Hinter sein Hutband waren ein paar bunte Federn gesteckt, aber die hatte er eigentlich nicht mehr nötig. Selbst auf der Central Avenue, wo man nun wirklich nicht die dezentest gekleideten Leute der Welt sehen kann, sah er etwa so auffällig aus wie eine Tarantel auf einem Quarkkuchen.«

Für einen Gangster, der während des gesamten Buches untertauchen muß, weil er wegen Mordes von der Polizei gesucht wird, wäre es nicht besonders schlau gewesen, wie ein Paradiesvogel herumzulaufen. Aber das ist nicht die einzige Ungereimtheit, die Chandler aber wahrscheinlich gerne in Kauf genommen hat, um gleich in der Eröffnungsszene des Buches ein bißchen auf den Putz zu hauen. Auch der Verlauf der Geschichte ist etwas kryptisch und nicht sehr logisch. Chandler war sich über seine Schwächen im klaren, als er in einem Brief einmal schrieb: »Die Handlung ächzt und knarrt wie ein kaputter Fensterladen im Oktoberwind.« Und von Chandler selbst ist die schöne Geschichte verbürgt, wie Howard Hawks und Humphrey Bogart sich während der Verfilmung von *The big sleep* stritten, ob eine der Figuren nun ermordet worden sei oder Selbstmord begangen habe. »Sie schickten mir ein Telegramm, um mich zu fragen, und verdammt noch mal, ich wußte's selber nicht.«

Auch in *Farewell, my lovely* könnte man lange darüber grübeln, warum Moose Malloy die alte Schnapsdrossel Mrs. Florian erwürgt, denn es gibt keinen einleuchtenden Grund dafür. Die Romanhandlung ist episodisch, verschlungen, kompliziert und widersprüchlich, eine Figur nach der anderen taucht auf und verabschiedet sich wieder. Zwar ist durchaus mehr drin »als Stil, Dialog und Charakterzeichnungen«, wie Chandler ziemlich zerknirscht konstatierte, aber im Gegensatz zu seinen Kollegen, die ihre blassen Figuren durch ein perfekt konstruiertes Handlungsgerüst hindurchjagten, waren es gerade der Witz, der elegante Stil und der leichte, beschwingte Ton, die seine Bücher vom üblichen Krimikram unterschieden.

Obwohl Chandler Moose Malloy einen grandiosen Auftritt verschafft, bleibt der Riese zunächst nur ein eher unangenehmer Geck und Sprücheklopfer, und daß er während des gesamten Buches nicht mehr auftaucht, bedauert man als Leser durchaus nicht. Erst am Ende, als Moose Malloy noch einmal ins Rampenlicht treten darf, wird er zu einer in Ansätzen sympathischen Figur umgemodelt, der man fast ein wenig nachtrauert. Erst dann jedenfalls verleiht Chandler ihm die allerdings nicht sonderlich ausgeprägten Konturen, die aus ihm den romantischen Verlierer machen, dem gerade dämmert, daß die kleine Velma, seine große Liebe, ihn verpfiffen hat. Aber da hat sie ihm bereits ein paar Kugeln verpaßt.

Moose Malloy deutet nur an, was in ihm steckt. Sein Charakter bleibt verwaschen und kommt nie richtig zum Vorschein. Er bekommt von Chandler nicht gerade die Chance, sich zu entfalten. Das ändert sich auch nicht, als Mike Mazurki 1944 in der ersten richtigen Marlowe-Verfilmung (Regie: Edward Dmytryk) von *Farewell, my lovely* sich der Rolle des Kleiderschranks annimmt. (Der Film lief in Amerika damals unter dem Titel *Murder, my sweet,* weil die Produzenten dachten, das Publikum könnte den Film mit einem Musical verwechseln und schockiert sein.) Schon 1942 gab es unter der Regie von Irving Reis eine allerdings recht freie Adaption des Chandler-Stoffes ohne Marlowe und mit einer Reporterin, die auf eigene Faust die Geschichte von Moose Malloy recherchiert. Zwar bescheinigt Bruce Crowther in *The Film Career of Robert Mitchum* dem Moose-Malloy-Darsteller Mike Mazurki, daß sein Auftreten zu Beginn des Films »a superb and memorable moment of cinema« gewesen sei, aber das sich im wesentlichen ans Original klammernde Drehbuch von John Paxton hindert auch Mike Mazurki daran, aus Moose Malloy mehr zu machen als einen gewöhnlichen, unterbelichteten Gangster, für den man nicht sonderlich viel Sympathie aufbringt.

30 Jahre zogen ins Land, bis unter der Regie von Dick Richards 1975 ein Moose Malloy auf die Filmleinwand kam, der in der Besetzung von Jack O'Halloran mit der breitgeklopften Visage eines ehemaligen Boxers alle seine Vorgänger einschließlich des Chandlerschen Originals in den Schatten stellte. Ungefähr so groß wie die Freiheitsstatue, kamen für ihn nicht gerade viele Rollen in Hollywood in Frage. Mit Gene Hackman spielte er Ende der 70er Jahre mal in zwei Superman-Verfilmungen mit, aber ansonsten mußte er sich mit B-Movies zufriedengeben, tauchte einmal in einem Perry-Mason-Streifen auf und 1976 in *King Kong.* Die zweifellos beste Rolle seines Lebens hat er dem Drehbuchautor David Zelag Goodman zu verdanken, der es verstanden hat, aus der kruden Geschichte Chandlers einen überzeugenden Plot zu schmieden. Indem er die Handlung straffte, einige überflüssige Figuren über Bord warf, andere Charaktere hinzuerfand und sich auf den Kern der Geschichte konzentrierte, wurden auch die Protagonisten glaubwürdig und tapsten nicht unbeholfen durch die Straßen von Los Angeles, ständig mit der Frage beschäftigt, was tue ich eigentlich

hier. Durch die Besetzung auch kleinerer Rollen durch Klasseschauspieler und mit Robert Mitchum als Marlowe in seiner vielleicht großartigsten Rolle kam ein Film Noir zustande, den ich mir immer wieder ansehe und der als der beste des Genres bezeichnet werden darf. Mitchum, der nie ein besonders guter Mime war, brauchte Marlowe nicht zu spielen. Er war Marlowe. Es war die Rolle, die ihm wie ein maßgeschneiderter Anzug paßte.

Eigentlich war Mitchum mit 58 schon 25 Jahre zu alt für das literarische Vorbild, aber gerade das Alter machte aus Marlowe einen unendlich desillusionierten Mann, der dem Film seinen Charme und seine Tragik verleiht. Und diese tragische Seite kommt bereits in der genialen Eröffnungsszene zur Geltung, die Dick Richards aus *Murder, my sweet* übernommen hat. Marlowe starrt aus dem Fenster einer Absteige, das Geflacker von Neonlicht huscht über sein altes unrasiertes Gesicht, während seine Stimme aus dem Off in lapidaren Worten von der Katastrophe eines Lebens erzählt, davon, daß er sich zum ersten Mal müde fühlte, vom lausigen Wetter und von den lausigen Fällen, die er zu bearbeiten hatte, daß alles, was er anfaßte, zu Scheiße wurde, und daß ihm nichts geblieben war außer einem Hut, einem Mantel und einer Kanone. Man fühlt sich an Eric Burdon erinnert, der die trostlose und verzweifelte Atmosphäre dieser Szene in *Hotel Hell* eingefangen hat, einem unglaublich intensiven Song mit einer traurigen spanischen Trompete, der von der Einsamkeit eines Mannes handelt, »far away from home«, ein ganz wesentliches mythisches Element in der populären Kriminalliteratur, die Metapher für ein verpfuschtes Leben, welches aus guten Gründen nie etwas von Familie und Eigenheim hören wollte, aber manchmal eben etwas schwach und sentimental wird.

Mit einem letzten Glas Whiskey in der Hand erzählt Marlowe Lieutenant Nulty die ganze Geschichte, seine erste Begegnung mit Moose Malloy, der ihn dabei beobachtet hatte, wie er in einem Tanzlokal eine davongelaufene verwöhnte Göre aufspürt, um sie bei ihren reichen Eltern abzuliefern. Malloy braucht jemanden, der ihm bei der Suche nach seiner Velma behilflich ist, von der er sieben Jahre lang nichts gehört hat, sieben Jahre, die er wegen der »Bend-Banksache« absitzen mußte. Auf den Einwand, daß Velma ihre guten Gründe gehabt haben dürfte, so lange nichts von sich hören zu lassen, guckt das große Baby Moose Malloy nur verständnislos. Jede noch so dick aufgetragene Ironie ist bei ihm verschwendet. Statt dessen schleppt er Marlowe ins »Florian«, eine Negerkneipe, die früher mal ein »Amüsierschuppen für Weiße« war. Seine Velma hat dort mal gearbeitet, und er hofft, dort etwas über ihren Verbleib zu erfahren. Niemand weiß etwas, was Malloy ungeduldig macht. Einen Rausschmeißer wirbelt er durch die Luft, bevor der unsanft auf dem Boden landet und behutsam »wie eine Fliege« mit ausgerupften Flügeln an der Fußbodenleiste entlangkriecht. Dann schlurft Malloy zum Besitzer der Kneipe Mr. Montgomery ins Nebenzimmer und legt sanft seinen Arm um dessen Schulter. Schnitt. Während Marlowe den Barmann davon abhält, eine abgesägte Schrotflinte hervorzuholen, fällt ein Schuß. Schnitt. Malloys Pranken liegen wie ein Schraubstock um den Hals des fetten Schwarzen, der schlaff zehn Zentimeter über dem Boden schwebt. »Ich wollte doch nur wissen, wo meine Velma ist«, entschuldigt sich Malloy bei Marlowe. »Und er antwortet mir damit.« Dabei kickt er mit dem Fuß gegen eine Kanone.

»Da kann man ja froh sein, daß Sie nur alle sieben Jahre aus dem Knast kommen«, kommentiert Marlowe Malloys Ungeschick, aber gleichzeitig hat er sein Faible für den tapsigen Riesen entdeckt, dessen einziges Trachten und Sehnen der ehemaligen Striptänzerin Velma gilt. Marlowe rät ihm, sich zu verdünnisieren, weil es sein könnte, daß »die Bullen nach diesem Zwischenfall ein bißchen böse« auf ihn sind. Verschämt steckt Malloy Marlowe 20 Dollar zu. Der traurige Rest der 80 Riesen aus dem Raubüberfall. »Süß wie ein Spitzenunterhöschen« sehe seine Velma aus, aber Marlowe findet sie auch mit dieser Beschreibung. Und er versteht, warum sich Velma sieben Jahre lang nicht bei

Malloy gemeldet hatte, denn dort, wo sie gelandet war, in der Klapsmühle, würde sie sich bei niemandem mehr melden. Schnitt. Marlowe sitzt gerade beim Chinesen, »als ein Schatten auf mein Chop Suey fällt«. Malloy, aus dem berühmten Nichts aufgetaucht, aus dem alle verschwundenen Personen irgendwann mal auftauchen, setzt sich neben Marlowe und ruiniert dessen Hut. Malloy kann nicht glauben, daß seine Velma dieses Ende genommen hat. Als Beweis zieht Marlowe ein Foto von Velma aus seinem Jackett. Malloy zerreißt das Bild und zischt ungeduldig: »Keine Fisimatenten«, bevor er sich wieder aus dem Staub macht.

Endlich aber scheint der Kontakt zu Velma hergestellt. Marlowe hat Malloy in die Wohnung seines Freundes Georgie gelotst, dessen Telefonnummer Marlowe der geheimnisvollen Velma zukommen ließ. Malloy allein füllt mit seinem wuchtigen Körper das kleine Wohnzimmer, während sie auf das befreiende Klingelzeichen warten. Das Riesenbaby wird ungeduldig und fängt an, Marlowe durchzuschütteln, aber bevor die Sache ernst wird, macht sich das Telefon bemerkbar. Nach dem ersten Ton vom anderen Ende der Leitung schnurrt er hingebungsvoll und mit einem seligen Lächeln: »Hallo Babe.« Seine Velma bestellt ihn in ein Motel außerhalb der Stadt, »ein Mittelding zwischen Wanzenstall und Absteige«, eine Falle, denn dort warten nur zwei Berufskiller, die, wie Marlowe wettet, »schon in jedem Bundesstaat mal gesessen haben«. Kaum liegen die schweren Jungs nach der Schießerei am Boden, durchsucht Malloy die Zimmer, um seine Velma zu finden. Spätestens jetzt ist jedem klar, daß Velma möglicherweise nicht gut auf ihren Verflossenen zu sprechen ist, Malloy jedoch denkt nur daran, daß seiner Kleinen etwas zugestoßen sein muß.

Nachdem die korrupten Bullen Marlowe zu verstehen geben, daß er sich aus der Sache heraushalten soll, zeigt auch der größte Gangster der Stadt, Laird Brunette, Interesse an einem Treffen mit Malloy und läßt dafür sogar eine hübsche Stange Geld springen. Brunette betreibt auf einem Schiff vor der Stadt ein Spielkasino, und genau dorthin schleppt Marlowe den Riesen, allerdings unangemeldet, denn andernfalls würde von Malloy nicht viel übrigbleiben. Hier findet nun das große Finale statt, die lange Suche nach der kleinen Velma hat ihr Ende. Velma aus der Gosse entpuppt sich als Mrs. Grayle (Charlotte Rampling), die einen ebenso steinreichen wie steinalten Mann (gespielt vom Krimiautor Jim Thompson) geheiratet hat, ohne daß der von ihrer zweifelhaften Vergangenheit gewußt hätte. Alles ergibt plötzlich einen Sinn, aber Malloy grinst bei ihrem Anblick nur ein glückliches und zufriedenes Grinsen und ist auf der Stelle bereit, mit ihr abzuhauen, obwohl Marlowe ihm noch einmal geduldig darlegt, wie der Hase gelaufen ist und daß sie ihn schon die ganze Zeit aus dem Verkehr ziehen lassen wollte, wie sie auch schon die anderen Zeugen ihrer früheren Existenz als Stripperin abservieren ließ. Als er Marlowe, der für ihn die ganze Zeit den Kopf hingehalten hat, die Knarre abnimmt und sie ihm als Dank ein paar Löcher in den Anzug macht, da ist sein letztes Wort: »Wieso?« Er würde es nie kapieren.

Aus dem Off ertönt noch einmal die müde Stimme Marlowes und widmet dem Riesen mit dem geringen Verstand ein Epitaph, das jeden, der eine leicht sentimentale Ader hat, zum Schmelzen bringt. »Moose hätte ihr nie etwas antun können. Es machte ihm nichts aus, daß sie ihm sieben Jahre nicht geschrieben hatte. Es machte ihm nichts aus, daß sie ihn wegen der Belohnung an die Polizei verraten hatte. Dieser große Lulatsch liebte sie. Und wenn er noch leben würde, würde es ihm nichts ausmachen, daß sie ihm drei Kugeln in den Bauch gejagt hatte.«

Fahr zur Hölle, Liebling
(Farewell, My Lovely)
USA 1975; R: Dick Richards; Db: David Zelag Goodman; D: Robert Mitchum (Philip Marlowe), Jack O'Halloran (Moose Malloy), Charlotte Rampling (Helen Grayle/ Velma), John Ireland (Lieutenant Nulty).

Stoßatmung und Strömen

Darth Vader oder Der kleine Junge hinter der Maske
(Star Wars)

Einer der bösartigsten Dunkelmänner des *Center* in der
Serie *Pretender* ist ein kurzatmiger Glatzkopf, der immer
ein Wägelchen mit Sauerstoffflaschen hinter sich her-
zieht, aus denen er mit Schläuchen seine Luft bezieht.
Einer der gemeinsten Intriganten der Alien-Militär-UN-
Weltverschwörung in der Serie *X-Files* ist der namenlose
»Krebskandidat«, ein lungenrasselnder Kettenraucher.
Einer der irrsten Psychopathen des Films, »Fucking«
Frank in *Blue Velvet*, greift immer dann zur Atemmaske,
wenn es an die Realisierung seiner Perversionen geht. Die
Atmung dieser Schurken verrät ihren Charakter, man
hört ihre Bosheit noch, wenn die Kamera schon – auf ihre
winselnden, zuckenden Opfer etwa – weitergeschwenkt
ist. All diese Bösewichter haben aber völlig vergeblich
versucht, Darth Vader zu beerben, dessen schweres At-
men hinter schwarzem Helm Angst und Schrecken verbreitet und zum unerreichten Markenzeichen überlege-
ner und vollkommen böser Macht geworden ist. Kein
Filmbösewicht hält dem Vergleich mit Darth Vader stand,
selbst unbewaffnet würde er ihnen allen dank der ihm
ureigenen *Force* die Kehle zuschnüren und die Atemluft
rauben, so daß sie ihm sterbend doch einmal ähnlich
werden, nicht in seiner erhabenen Größe, sondern im
Sound der Atmung, die *exhalation* auf *execution* reimt. Wer
einmal das Todesröcheln eines Gegners von Lord Vader
gehört hat, der gehorcht. Seine Atmung ist ein Herr-
schaftsinstrument, ein Instrument der Gewalt über andere. Sie ist das genuine Medium der dunklen Seite der
Macht – die Yoga-Bauch-Atemtechniken der Jedi-Meister
und ihrer Schüler sind dagegen ein Mittel der Selbstkon-
trolle und Selbstbeherrschung, aber auch der Einswer-

dung mit der Macht, die den Jedi-Ritter durchströmt. Die gute Seite der Macht fließt in meditativer Ruhe durch den passiven Jedi, während die dunkle Seite stoßweise eingesogen und in abrupten Ausbrüchen der Aktion wieder ausgestoßen wird. Preßatmung ist böse, vielleicht ist das der Grund dafür, daß es bei Luke nie zu sexuellen Handlungen kommt. Der altgriechische Begriff Pneuma jedenfalls zeigt die beschriebene Kopplung noch an: Er bedeutet nicht nur Hauch und Atem, sondern auch Leben, Seele und Geist. Atmung und Gesinnung sind eins. So scheint auch der Bereich der Pneumatik im kosmischen Epos *Star Wars* zerfallen zu sein in die Seiten des Guten und des Bösen. Auf welche Seite Darth Vader gehört, kann man sehen und hören.

So scheint es zumindest, aber wir wollen uns von der schwarzen Maske der Macht und ihrem beängstigenden Sound nicht davon abhalten lassen, einen unvoreingenommenen Blick auf Lord Vader zu werfen, auf den Mann hinter der schimmernden, alle Blicke reflektierenden Kampfpanzerung. Wir konnten ihn jüngst in *Episode 1 – Die dunkle Bedrohung* völlig unmaskiert als kleinen Jungen kennenlernen. An Anakin Skywalker ist vieles bemerkenswert, seine (jungfräuliche?) Geburt, sein technisches Talent, sein Mut, seine Hilfsbereitschaft, aber kaum etwas dämonisch oder unheimlich. Daß die Macht stark in ihm ist, belegt zwar bald eine Blutuntersuchung, aber zu überzeugenden Manifestationen seines Potentials kommt es vorerst nicht. Seine angeborene Begabung wird erst geformt werden müssen. Noch ist der gewöhnliche kleine Junge nichts als ein gewöhnlicher kleiner Junge, ein wenig zu vorlaut für sein Alter und gewiß ohne jenes Verständnis für Disziplin, das ihn später auszeichnen wird, aber er ist schließlich ohne Vater aufgewachsen (Luke Skywalker wurde dagegen von seinem Onkel eher streng erzogen). Daß er mit einer Laserkanone seelenlose Kampfroboter abschießt, als handele es sich um ein *Super Nintendo* Game, macht ihn um nichts außergewöhnlicher; der Unterschied ist ohnehin nicht allzu gravierend, jeder achtjährige Joystick-Schütze wird sich gefahrlos in ihm wiedererkennen können – kein Wunder, daß erst jetzt *Lego* entsprechende Figuren und Bausätze auf den Markt gebracht hat. Man muß schon ein erfahrener Jedi-Meister sein wie der auch damals schon alte Joda, um in diesem stupsnasigen, sommersprossigen Spielkind eine Bedrohung der Republik, des Jedi-Ordens und des kosmischen Gefüges der Macht überhaupt erblicken zu können. Darth Maul dagegen, einem schwarz-rot gescheckten Dämon mit Hörnern und blutunterlaufenen Augen, dem steht die Bosheit ins Gesicht geschrieben, aber dem niedlichen Anakin, dem Nachkommen (»kin«) der Anna, der Mutter der heiligen Jungfrau? Wer oder was verwandelt solch ein unschuldiges Kind in die Inkarnation des Bösen? Wird es etwa eine Frau sein, womöglich die künftige Mutter Leias und Lukes, die ihm die Stoßatmung beigebracht und so zur dunklen Seite der Macht verführt haben wird? Oder ist die Verwandlung von Anakin Skywalker in Darth Vader gar kein Quantensprung von einem Extrem ins andere, sondern ein Hinübergleiten, eine Entwicklung? Ist das Epos also in Wahrheit ein Bildungsroman? Immerhin wird sein Sohn Luke behaupten, daß diese Kontinuität des fröhlichen Anakin im finsteren Lord die letzte Hoffnung im Kampf gegen den Imperator sei, und damit recht behalten. Aber dann, wenn dies zuträfe, stellte doch wohl Darth Vader trotz seiner schwarzen Rüstung nicht die Gegen- und Schattenseite des Guten dar, sondern – im Gegensatz zum scheckigen Darth Maul und trotz seines monochromen Outfits – einen *mixed character*. Was hieße dies aber für unser Verständnis von Lord Vader, wenn wir derart von der Kontinuität des Charakters auszugehen hätten; müßten wir nicht nach dem Kind im Manne fragen? Oder zumindest nach dem Guten im Bösen? Ist die Differenz zwischen dem kleinen Anakin und dem mächtigen Lord etwa nicht gar so groß? Um diesen Fragen nachzugehen, müssen wir die Motive hinter seinen Handlungen ins Visier nehmen, die uns auf den ersten, durch die (Atem-)

Maske verstellten, voreingenommenen Blick gewiß erst einmal als schlecht und boshaft erscheinen. Masken aber können täuschen.

Darth Vader als Kind: Der kleine Anakin gibt sein Bestes, um der hübschen Königin und ihrem Raumschiff die nötigen Ersatzteile zu besorgen, bei der Schlacht um ihren Planeten leistet er einen wichtigen Beitrag zum Sieg, die zahllosen Albernheiten seiner tolpatschigen Weggefährten erträgt er freundlich und geduldig. Abgesehen von einer gewissen frühreifen Vorliebe für die königliche Hoheit handelt er vollkommen uneigennützig. Darth Vader dagegen fliegt unentwegt mit Todessternen und Schlachtkreuzern durch die Galaxis, um ganze Planeten oder Raumflotten zu zerstören. Um ihn herum sterben Freund und Feind, ungerührt schreitet der Heimatlose über die Leichenberge seiner eigenen wie gegnerischer Truppen voran (allein: wohin?). Sein Adjutant oder kommandierender Offizier zu sein ist mindestens ebenso gefährlich wie sein erklärter Widersacher. Immerhin wird Han Solo nur tiefgefroren, während Vaders Admirale von ihrem Posten nur per Exitus (akute Atemnot) zurücktreten und der letzte Schritt auf der Karriereleiter der imperialen Flotte immer der ins Jenseits ist. Die Unbarmherzigkeit, mit der Vader Tod und Verderben verbreitet, und seine Gelassenheit, bei der Verfolgung seiner Ziele über Schmerz und Leid seiner Opfer hinwegzusehen (»Ihre Ausflüchte interessieren mich nicht, Admiral, ich will dieses Schiff!« Der betroffene Sternenkreuzer wird bei der Verfolgung des *Millennium Falken* im Meteoritenschwarm zerstört werden), werden gemeinhin als Ausweis seiner Bosheit ausgelegt. Der Urheber tausendfachen Leids gilt automatisch als böse. Aber was, wenn es sich tatsächlich um Kollateralschäden im Rahmen einer langfristigen Strategie handelte? Schaut man genauer hin, dann fällt auf, daß Lord Vader keinesfalls ein Sadist ist, der sich am Bösen erfreut, sondern allenfalls ein amoralischer Akteur, der diesseits von gut und böse tut, was getan werden muß, und mit wahrem Stoizismus die Konsequenzen überblickt. Lord Vader ist einerseits ein Organ imperialer Befehle, an deren Notwendigkeit zur unmittelbaren Exekution nicht einen Augenblick gezweifelt werden kann, und er verfolgt selbst einen großangelegten Plan zur Befriedung des Universums, ein ehrenwertes Ziel, dem jedes Opfer abverlangt werden darf. Im Gegensatz zu der reaktiven (und reaktionären?) Kaste der Jedi-Ritter und ihrer elitären wie oligarchischen Führungstruppe der Meister hat Lord Vader eine Vision, der er folgt; er ist kein passiver Verwalter der Macht, sondern ihr utopischer Architekt. Ruhe, Sicherheit und Ordnung, diese allerersten Grundlagen staatlicher Herrschaft will Vader wiederherstellen. Die perfekte Kugelgestalt des *Death Star* ist das Symbol der anvisierten Architektur. Lord Vaders hehres Ziel ist es, mit geeigneten Mitteln, zum Beispiel mit einem künstlichen Mond, den Rückfall in den anarchischen Naturzustand des Krieges aller gegen alle zu beenden. Dazu muß zunächst das staatliche Gewaltmonopol neu errichtet und das vom bewaffneten Bürgerkrieg zerrissene Reich pazifiziert werden. Wer glaubt, daß diese Befriedung des Reichs auf dem Wege des gewaltlosen Interessenausgleichs erreicht werden kann, ist zwar optimistisch, irrt sich aber: Weder Kommerz noch Konsens, soviel darf der Darstellung des Kapitalismus und des Parlamentarismus in *Episode 1* entnommen werden, beenden den Konflikt, denn der Handel wie die Rede (der endlose *filibuster*) dienen nur der Fortsetzung des Krieges mit anderen Mitteln. Aus den Handelsblockaden der ersten Episode sind längst Raubzüge bewaffneter Schmuggler geworden, kriegerische Auseinandersetzungen haben die Kontroversen im Reichstag abgelöst, militante Sekten überziehen das Imperium mit einem Partisanenkrieg, deren Kombattanten wie Han Solo und sein Wookie keine Uniform tragen und im Sinne des Kriegsrechts nur als Terroristen angesehen werden können. Diese Krise des Reichs – Darth Vader nennt sie zu Recht einen »tödlichen Konflikt« – kann nur gelöst werden, indem man zur Entscheidung findet: Eine Partei muß siegen, den inneren Frieden restituieren und dank der dann wieder im Staat monopolisierten Gewalt jeden Gedanken an einen erneuten Bruch dieses Friedens als wahrscheinliche Alternative ausschließen. Tobt einmal der Bürgerkrieg, wie im Imperium nach dem Zerfall der Republik, dann können drakonische Maßnahmen notwendig werden, um den Normalfall von Recht und Gesetz, Sicherheit und Ordnung wiederherzustellen. »Die Leistung eines normalen Staates«, so heißt es im *Begriff des Politischen* von Carl Schmitt, »besteht aber vor allem darin, *innerhalb* des Staates und seines Territoriums eine vollständige Befriedung herbeizuführen […] und dadurch die *normale* Situation zu schaffen, welche Voraussetzung dafür ist, daß Rechtsnormen überhaupt gelten können, weil jede Norm eine normale Situation voraussetzt und keine Norm für eine ihr gegenüber völlig abnorme Situation Geltung haben kann.« Recht und Gesetz benötigen zur Durchsetzung ihrer Geltung den Frieden als Normalfall – Darth Vader will ihn der Galaxis zurückerobern. Dieses Ziel kann nur durch den Ausnahmezustand hindurch erreicht werden, in dem der Staat und der Hüter seiner Verfassung den inneren Feind erkennt, bekämpft und besiegt.

Eine der erhabensten Szenen der Saga (in: *Das Imperium schlägt zurück*) beginnt mit einem Duell zwischen Vater und Sohn. Luke weiß noch nicht, daß Lord Vader sein Vater ist, und kämpft nicht nur erbittert gegen die überlegene Kampfkunst des Kriegslords, sondern auch gegen die Anflüge der dunklen Seite der Macht in sich. Luke atmet immer schneller, versucht aber, seine aufflammenden Emotionen zu kontrollieren, Darth Vader dagegen möchte sie anfachen. »Nun laß deinem Haß freien Lauf, Luke«, rät er ihm, »nur die dunkle Seite der Macht« könne ihm zum Sieg verhelfen. Aber Söhne hören nie auf ihre Väter, sie müssen dazu nicht einmal wissen, daß die Autorität, die sie ablehnen, die väterliche ist. Luke mochte schon auf Joda nicht hören und brach sein Ausbildungs- und Selbstfindungsprogramm vorzeitig ab. Und so verliert er den ungleichen Kampf wie ein Kind gegen einen Erwachsenen: Luke fuchtelt mit dem Laserschwert, Lord Vader kontrolliert souverän alle mobilen und immobilen Dinge der näheren Umgebung und läßt sie vereint gegen Luke antreten. Ob niet- und nagelfest oder nicht, es saust auf ihn herab wie ein Watschengericht. Da der junge Skywalker nicht kapituliert, kommt Darth Vader nicht umhin, ihm die rechte Hand, die sich gegen seinen Vater erhoben hat, mit dem Laserschwert abzuschlagen. Dann aber, nach gewonnenem Kampf, tötet er ihn nicht. Vielmehr offenbart sich der dunkle Lord seinem Sohn und macht ihm ein großartiges Angebot ...

Es ist beinahe so wie im biblischen Gleichnis vom verlorenen Sohn. Obschon der unnütze Filius auf ganzer Linie versagt und sich in der Welt nicht gerade bewährt hat, nimmt der Vater ihn großherzig auf und schenkt ihm seine Liebe. »Erforsche deine Gefühle, Luke! Ich bin dein Vater.« – »Nein, nein«, stottert Luke, Darth Vader dagegen verkündet seine Vision. Der Imperator habe seinen Fall durch einen Skywalker vorausgesehen, gemeinsam könnten sie ihn schlagen und ablösen. Lord Vader reicht seinem Sohn seine Hand zum Bund. »Komm mit mir, Luke! Gemeinsam werden wir die Galaxis beherrschen, Vater und Sohn, Seite an Seite. Wir werden die Ordnung wiederherstellen und diesen tödlichen Konflikt beenden.« Lord Vader, der seinen Vater nicht kannte und der seine Mutter als Kind verlassen mußte, bietet seinem verlorenen Sohn nicht nur die Aufnahme in die familiäre Ordnung und die Vollendung seiner Ausbildung an, sondern setzt ihn ein zum Erben eines zu erneuernden Reiches, das seinen Frieden aus der gewappneten Hand von Vater und Sohn empfangen soll. Aber Darth Vader wird enttäuscht, Luke, statt sich der Aufgabe zu stellen, läßt sich einfach fallen. Vielleicht hätte Lord Vader das Angebot seiner Tochter machen sollen, die als Prinzessin immerhin weiß, daß sie zum Herrschen geboren ist.

Die sechste Episode, *Die Rückkehr der Jedi-Ritter*, bringt eine weitere Begegnung. Darth Vader erfüllt endlich den

Auftrag des Imperators, nimmt Luke gefangen und bringt ihn auf den neuen Todesstern, wo ihn der Kaiser mit der Hilfe seines ersten Lehnsmanns zur dunklen Seite der Macht bekehren will. Als Luke den Schmeicheleien und Versprechungen des alten Hexenmeisters widersteht und sich auch nicht von den Schmerzen überzeugen läßt, die ihm die böse blaue Strahlung des Imperators zufügt, steht ihm sein Tod unmittelbar bevor – doch sein Vater interveniert und tötet seinen Herrn. Er gibt dabei sein Leben für das seines Sohnes und erfüllt damit die Prophezeiung, daß die Skywalker den Imperator zu besiegen vermögen. Ein ehrenvoller Tod, so sollte man meinen, und Anakin steht noch am selben Tag auf von den Toten, um sich einzureihen in die Reihe der Lichtgestalten Jodas und Obi-Wan Kenobis, die Luke zu erscheinen pflegen. Seine großartige Utopie jedoch ist mit ihm gestorben. Die weißen Helme und Brustpanzer der interstellaren Ordnungsmacht nutzen unzivilisierte Teddybären als Bongotrommeln. Darth Vaders Tod besiegelt den Sieg des Anarchismus über die Einheit des Reiches und seine *pax universalis*. Der wiederaufgetaute Han Solo kann seine gesetzlose Karriere als Schmuggler und Pirat wiederaufnehmen, das Chaos der Kleinstaaterei kann erneut beginnen. So war der letzte und vielleicht einzige Fehler Lord Vaders sein größter.

Krieg der Sterne
(Star Wars)
USA 1977; R: George Lucas; Db: George Lucas; D: Mark Hamill (Luke Skywalker), Harrison Ford (Han Solo), Carrie Fisher (Prinzessin Leia Organa), David Prowse (Lord Darth Vader).

Das Imperium schlägt zurück
(The Empire Strikes Back)
USA 1980; R: Irvin Kershner; Db: George Lucas, Leigh Brackett, Lawrence Kasdan; D: Mark Hamill (Luke Skywalker), Harrison Ford (Han Solo), Carrie Fisher (Prinzessin Leia Organa), Billy Dee Williams (Lando Calrissian), David Prowse (Lord Darth Vader).

Die Rückkehr der Jedi-Ritter
(The Return Of The Jedi)
USA 1983; R: Richard Marquand; Db: George Lucas, Lawrence Kasdan; D: Mark Hamill (Luke Skywalker), Harrison Ford (Han Solo), Carrie Fisher (Prinzessin Leia Organa), Billy Dee Williams (Lando Calrissian), David Prowse (Lord Darth Vader), Sebastian Shaw (Anakin Skywalker), Ian McDiarmid (Imperator Palpatine).

Star Wars: Episode 1 – Die dunkle Bedrohung
(Star Wars: Episode 1 – The Phantom Menace)
USA 1999; R: George Lucas; Db: George Lucas; D: Liam Neeson (Qui-Gon Jin), Ewan McGregor (Obi-Wan Kenobi), Natalie Portman (Königin Amidala), Jake Lloyd (Anakin Skywalker), Ian McDiarmid (Senator Palpatine), Ray Parks (Lord Darth Maul).

MARGIT HÄHNER

In jedem Mann steckt ein kleiner ...

J. R. Ewing (Dallas)

Wir befinden uns in den 80ern. Es ist Dienstag abend, der Zeiger der Uhr bewegt sich auf die magischen 21.45 Uhr zu. Der Fernseher (1. Programm, damals gab's noch keine Privaten, keine Kabel, keine Schüsseln) läuft, und dann: Daaadadaaadadaaadadadaaa ... Dazu Bilder von einer riesigen Farm, der texanischen Metropole Dallas und – in alphabetischer Reihenfolge – die Darsteller. Niemand darf uns jetzt stören, für eine Dreiviertelstunde sind wir nicht zu sprechen, tauschen den dunklen und oft genug naßkalten Leverkusener Abend gegen die texanische Sonne, vergessen wichtige private und politische Probleme und widmen uns den Schwierigkeiten der Ölindustrie, den familiären Dramen auf Southfork und vielen schönen Südstaatenintrigen. Adieu Friedens-, Ökologie- und Frauenbewegung, jetzt kommt J. R.!

J. R. Ewing, der Mann mit dem Gesicht wie ein netter, großer Junge, dem man nichts Böses zutrauen würde (was vielleicht auch daran liegen mag, daß man sich noch erinnert, wie er weiland als sympathischer Astronaut Major Tony Nelson unsere Herzen und das seiner bezaubernden Jeannie eroberte). Doch dann, die Familie sitzt vielleicht am Frühstückstisch auf Southfork, hat sich am Swimmingpool versammelt oder ist mit Freunden und Geschäftspartnern beim Barbecue oder beim Ball der Ölbarone zugange, dann rückt er den gewaltigen Stetson zurecht, plaziert gekonnt ein paar verbale Gemeinheiten und lacht sein berühmtes fieses Hähähä. Und wir lehnen uns entspannt zurück auf den WG-Matratzen, denn wir wissen Bescheid: Da ist wieder was im Busche, weil J. R. immer irgendwelche miesen Sachen plant.

Wäre dieser texanische Ölmillionär einfach nur von Grund auf böse, dann wäre er schlicht langweilig. Aber J. R. Ewing, die zentrale Figur des Ewing-Clans, ist eine vielschichtige Persönlichkeit. Um zu erreichen, was ihm am Herzen liegt, ist ihm jedes Mittel recht. Und am Herzen liegt ihm vor allem Ewing Oil, die Firma, die sein geliebter und verehrter Daddy Jock aufgebaut hat. Dessen Erbe fühlt sich J. R. verpflichtet, mehr als jedes andere Mitglied der Sippe, als da zum Beispiel wären der grundgute Bruder Bobby und der treudoofe Halbbruder Ray. Und natürlich lauert da ein Haufen Widersacher, die nichts anderes im Sinn zu haben scheinen, als sich Ewing Oil unter den gierigen Nagel zu reißen. Der zweite wichtige Fixpunkt in J. R.s Leben ist die Familie, vor allem sein heißgeliebter Sohn und Erbe John Ross. Außerdem steckt in J. R. natürlich noch der texanische Frauenheld, ein Chauvi, der seine Finger nicht von der holden Weiblichkeit lassen kann und will. Das sind die Informationen, die der Hobbyanalytiker braucht, will er sich J. R.s Persönlichkeit widmen. Karriere, Familie, Sex – das ist es, was den Mann umtreibt. Und im Hintergrund schwebt stets übermächtig Daddys Geist, denn dem will J. R. beweisen, daß er sein würdiger Nachfolger ist. Und mal ganz unter uns: Kommt das nicht manch einem sehr vertraut vor? Steckt nicht ein kleiner J. R. in vielen seiner Geschlechtsgenossen?

So wirft sich J. R. in jeden Kampf, und davon gibt es viele. Er ist ein Meister der Intrige, scheut nicht vor Erpressung, Bestechung, Urkundenfälschung und ähnlich gelagerten Kavaliersdelikten zurück. Auch Sex ist immer wieder probates Mittel zum Zweck. Die Frauen liegen ihm zu Füßen, obwohl er, abgesehen von seinem Großjungencharme, nicht eigentlich attraktiv ist. Es ist wohl die Aura der Macht, der Rücksichtslosigkeit, die ihn anziehend macht, der gefährliche Wolf, der hinter dem treuen Dackelblick lauert. Es gibt Frauen, denen gefällt so was, das muß jede selber wissen. Nur haben die meisten dummerweise der Skrupellosigkeit, mit der J. R. auch die Liebe betreibt, nichts entgegenzusetzen. So verfällt etwa seine Gattin Sue Ellen (klassischer Fall von »Wenn Frauen zu sehr lieben«) dem Alkohol. Jede vernünftige Frau wäre mit einer dicken Abfindung in der Tasche von dannen gezogen. Die Frauen um J. R. dagegen ziehen es vor, zu lieben und zu leiden. Jeder das Ihre. Klassisch auch, daß J. R. seinerseits äußerst besitzergreifend und bösartig eifersüchtig ist, wenn er argwöhnt, »betrogen« zu werden. So ist das eben auch in Texas: Wenn zwei das gleiche tun, ist es noch lange nicht dasselbe. Kennt man doch irgendwie.

Die wahren Schlachtfelder des J. R. Ewing allerdings befinden sich nicht in den Lotterbetten der zahlreichen Geliebten, sondern auf dem glatten Parkett des Ölgeschäfts. Da liegen die wahren Widersacher auf der Lauer, allen voran Cliff Barnes, der alte Erbfeind (die Fehde der Väter, Jock Ewing und Digger Barnes, führen die Söhne fort), der so gerne selber ein gewiefter Schurke wäre, es aber nie so richtig schafft. Was ihn zu einer tragikomischen Gestalt macht. Und alle wollen sie nur eines: Ewing

Oil, das Allerheiligste, Daddys Erbe. Aber nicht mit J.R.! An dieser Firma hängt er mit einer Liebe wie ein kleiner Junge an seinem zerzausten Teddybär. Und irgendwie macht ihn das schon wieder ein bißchen sympathisch, denn es hat etwas Irrationales, etwas zutiefst Menschliches. Wahrscheinlich gelingt es uns deshalb auch nicht, J.R. einfach zu verabscheuen. Denn er ist eben nicht nur der aalglatte, abgefeimte Bösewicht, sondern hat auch seine Schwachpunkte. Woran er sein Herz hängt, da ist er verletzlich. Deshalb haben wir manchmal sogar Mitgefühl für ihn übrig.

Außerdem, seien wir ehrlich, haben wir eine ganze Menge von ihm gelernt (und manche Mark für Böse-Mädchen-Ratgeber gespart). Vieles davon ließ sich zum Beispiel in langen Jahren Funktionärstum in einem Jugendverband gewinnbringend einsetzen. So macht es immer Sinn, seinen forschenden Blick mal interessiert über Kollegenschreibtische schweifen zu lassen. Und es ist gut zu wissen, daß wichtige Entscheidungen meistens im informellen Rahmen getroffen werden. Man muß die richtigen Leute kennen, und über persönliche Beziehungen soll man sich stets auf dem laufenden halten, sie können politische Auswirkungen haben. Überhaupt ist es nützlich, soviel wie möglich über seine Mitmenschen in Erfahrung zu bringen, man weiß nie, wann man es mal brauchen kann, um sie ein wenig zu manipulieren. Frechheit und selbstbewußtes Auftreten siegen, Charme und Erotik sind Faktoren, die man nicht unterschätzen sollte. Und wenn's hart auf hart kommt, dann kann man seine Widersacher immer noch mit einem kalten, gefährlichen Glitzern in den Augen wissen lassen: »Ich habe alle Folgen von Dallas gesehen.« Das sollte wohl als Drohung genügen.

Dallas
USA 1978–1991; 330 Episoden; D: Larry Hagman (J.R. Ewing), Patrick Duffy (Bobby Ewing), Jim Davis (Jock Ewing), Barbara Bel Geddes (Miss Ellie, 1984/85 wurde

diese Rolle von Donna Reed gespielt), Victoria Principal (Pamela Barnes Ewing), Linda Gray (Sue Ellen Ewing), Ken Kercheval (Cliff Barnes).

JUDITH KEILBACH

Der Kampf der Maschine gegen den Menschen
Terminator – Modell 101 und T-1000

Bösartige Maschinen auf Menschenjagd: Im Jahr 2029 werden in automatisierten Fabriken Cyborgs gebaut und im Kampf gegen die Menschen eingesetzt. Kontrolliert werden sie von Computern, denen die Leitung aller wesentlichen Belange anvertraut worden war. Diese aber haben sich außerplanmäßig zu handelnden Subjekten entwickelt und die totale Vernichtung der Menschen beschlossen. Trotz der technischen Übermacht ist es jedoch einigen Überlebenden gelungen, das Verteidigungssystem der Computer zu zerschlagen. Ein Cyborg wird daraufhin in die Vergangenheit zurückgeschickt, um die Ausgangsbedingungen des Kampfes zugunsten der Maschinen zu verändern. Aufgabe des zeitreisenden Terminators ist es, den (noch ungeborenen) Anführer der Menschen, John Connor, zu vernichten.

Bereits der erste Auftritt des Terminators (Arnold Schwarzenegger) macht deutlich, daß wir es mit einer ungewöhnlichen Erscheinung zu tun haben: Motor und Licht eines Müllwagens sterben ab, Wind wirbelt den am Boden liegenden Abfall auf, und die nächtliche Luft wird von elektrischen Blitzen durchzogen. Und dann kniet er da, nackt, umgeben von Nebelschwaden, die sich langsam lichten. Seine ersten Bewegungen wirken mechanisch, gleichzeitig zeugen sie von großer Zielstrebigkeit. Mit seinem Blick sucht er systematisch die Umgebung ab, um sich zu orientieren, dann beschafft er sich Kleidung. Dabei kommt es zu einem Kampf mit drei bewaffneten Punks, in dem sich erstmals die enorme physische Kraft des mysteriösen Wesens sowie seine Unempfindlichkeit gegenüber Schmerzen zeigen. Ganz anders hingegen die Ankunft von Kyle Reese (Michael Biehn), der dieselbe Reise wie der Terminator hinter sich hat. Er schlägt mit lautem Geräusch auf den Asphalt, richtet sich unter großen Schmerzen auf und muß sofort vor der Polizei flüchten, die ihn durch enge Straßen, Hinterhöfe und Kaufhäuser jagt.

Die ersten Auftritte der Antagonisten in James Camerons Film *The Terminator* geben bereits Auskunft über Charakter und Eigenschaften der beiden Figuren, die sich in einem gnadenlosen Kampf gegeneinander befinden, in dem es um Tod oder Leben der ahnungslosen Sarah Connor (Linda Hamilton) geht. Beide Männer, deren Herkunft und Vorhaben den Filmzuschauern vorerst unklar bleiben, werden bei ähnlichen Handlungen gezeigt, wodurch die Unterschiede in ihren Vorgehensweisen besonders deutlich hervortreten. Sie beschaffen sich Kleidung, bewaffnen sich und spüren Sarah auf. Während Kyle Reese dabei um Unauffälligkeit bemüht ist, zeichnet sich der Terminator durch exzessive Brutalität aus: Er bricht mit groben Gesten ein Auto auf, tötet im Waffenladen den Verkäufer, und bevor er die erste der drei in Los Angeles lebenden Frauen mit dem Namen Sarah Connor erschießt, überfährt er einen auf der Straße stehenden Spielzeuglastwagen (später wird er ebenso rücksichtslos einen Kopfhörer zertreten). Von Anfang an lassen diese Handlungen keine Zweifel aufkommen, daß diese Maschine unerbittlich ihr Terminierungsprogramm ausführen wird. Die bedrohliche Musik, von der seine Auftritte begleitet werden, Kleidung (Leder und genagelte Stiefel, deren Geräusch sein visuelles Auftauchen häufig ankündigt), die Untersicht der Kamera sowie die spezifische Ausleuchtung machen den Cyborg zusätzlich als »Bösen« kenntlich. Aufgrund seiner eingebauten Intelligenz wird der Terminator darüber hinaus immer gefährlicher. Kurz nach seiner Ankunft muß er noch durch die Wiederholung von Sätzen die Sprache erlernen, wenig später kann er sie bei der zielstrebigen Verfolgung seines Vorhabens dann schon umsetzen. Er erfährt durch einen Anruf von Sarah, die über den Anrufbeantworter ihre Mitbewohnerin Ginger vor einem möglichen Mordanschlag warnt, daß er in Sarahs Wohnung die falsche Person getötet hat. Gnadenlos kalkulierend nimmt er daraufhin ihr Adreßbuch an sich (mit dessen Hilfe er später mit verstellter Stimme Sarahs Anruf bei ihrer Mutter entgegennehmen kann) sowie eine Fotografie, um sein Opfer identifizieren zu können.

Das erste Aufeinandertreffen von Kyle Reese und dem Terminator klärt die entgegengesetzten Ziel der beiden. Es kommt zu einem Kampf, in dem Kyle Sarahs Ermordung zwar verhindern, seinen Gegner aber nur kurzzeitig außer Gefecht setzen kann. Der Terminator scheint unverwüstlich zu sein und nimmt den Kampf sofort unbeirrt wieder auf. Während der anschließenden Flucht enthüllt Kyle der fassungslosen Sarah (und damit auch den Filmzuschauern) endlich, wer ihr gnadenloser Gegner ist. Es handele sich keineswegs, wie die blutenden Verletzungen noch nahelegen, um einen Menschen, sondern um einen Cyborg Modell 101, der aus der Zukunft kommt. Programmiert sei die Maschine darauf, Sarah zu vernichten, und von diesem Ziel sei der Terminator nicht abzubringen: »Er wird nicht haltmachen, vor gar nichts, solange Sie nicht tot sind!« Während die 600er Serie, so faßt Kyle die »Biographie« der Terminatoren zusammen, an ihrer Gummihaut leicht zu erkennen war, sehe das Modell 101 ganz wie ein Mensch aus: »Sie schwitzen, haben schlechten Atem – an alles wurde gedacht!«

Nachdem dies geklärt ist, zieht der Film alle Register, um die Unmenschlichkeit, die Kälte und die Zielstrebigkeit der bösartigen Maschine erfahrbar zu machen. Die Kamera nimmt mehrfach den subjektiven Maschinenblick des Terminators ein. Das Sichtfeld ist rot eingefärbt und zeigt im Display je nach Bedarf ein Fadenkreuz, ein Phrasenwörterbuch, Instruktionen zur Handhabung eines LKWs oder sonstige Informationen an. (Den ersten *point of view* der Maschine präsentiert der Film, noch bevor Kyle von der Herkunft des Terminators berichtet, und nimmt damit die Enthüllung seines technischen Wesens in irritierender Weise visuell vorweg.) In einer weiteren Steigerung legt der Terminator die mechanische Konstruktion seines Unterarms für eine kleine Reparaturarbeit frei und entfernt das menschliche Augenimitat, das bisher sein rot leuchtendes Kameraauge verdeckt hat. Die Bauelemente der Maschine werden enthüllt, und der Cyborg führt eindrücklich vor, daß er auftretende Schäden und Funktionsstörungen selbst wieder beheben kann.

Während die Polizei mit ihren Erklärungen für die Schmerzresistenz (Schußweste, Drogen) weiterhin von einem menschlichen Gegner ausgeht und bei der Bekämpfung des Terminators erfolglos bleibt, scheint gerade die Erkenntnis seines Zwitterwesens – »halb Mensch, halb Maschine«, so Kyle – die Voraussetzung dafür zu sein, um ihn zu zerstören. Besiegt werden kann der Terminator letztendlich durch eine schrittweise Demontage, die sich Schicht für Schicht vollzieht. Der Verlust einer Sonnenbrille, hinter der er sein rotes Kameraauge vor der Umwelt versteckt hielt, leitet diesen Prozeß ein. Sein unmenschliches Wesen ist dem Terminator nun ins Gesicht geschrieben, das durch die spezifische Inszenierung auch an diverse Filmmonster erinnert. Nach der Explosion eines Tankwagens sieht man den Terminator dann in einem Flammenmeer zu Boden stürzen und in mehreren Einstellungen seine Gesichtshaut verbrennen, bis nur noch ein Totenschädel übrigbleibt. Doch die Vernichtung der menschlichen Hülle bedeutet noch nicht die endgültige Zerstörung des Terminators. Als Stahlskelett setzt er die Verfolgung unerbittlich fort und läßt auch nicht von Sarah ab, nachdem seine Unterleibskonstruktion von einer Rohrbombe in Stücke gerissen wurde. In diesem Showdown wird die Bedrohlichkeit der Maschine vor allem mit

Hilfe der roten Augen inszeniert. Ihre Bewegungen kennzeichnen den aufmerksamen Blick, mit dem der Terminator in einer Maschinenhalle nach Sarah sucht. Solange diese roten Lichter glühen, ist die Maschine noch funktionsfähig und Sarah weiterhin in Lebensgefahr. (In Stanley Kubricks *2001: A Space Odyssey* wird HAL – ein weiterer Techno-Bösewicht der Kinogeschichte, der sich von den Menschen befreien möchte – ebenfalls durch ein rotes Licht symbolisiert.) Davon, daß Sarah den Terminator in einer Stahlpresse tatsächlich endgültig vernichtet hat, zeugt dementsprechend auch das langsame Verlöschen seiner roten Augen.

In *Terminator 2 – Judgment Day* wiederholen sich Jahre später die Ereignisse mit veränderten Konstellationen. Ein Terminator soll nun Sarahs zehnjährigen Sohn John (Edward Furlong) töten, während ein Beschützer – diesmal selbst eine Maschine, eine reprogrammierte Version des ersten Terminators vom Modell 101 – das zu verhindern sucht. Der Film verweist nicht nur aufgrund der ähnlichen Handlung, sondern auch durch die Rollenbesetzung und zahlreiche visuelle Zitate aus *The Terminator* auf den ersten Teil des *sequels*. Die Ankunft des ersten Cyborgs (Arnold Schwarzenegger) ist ähnlich inszeniert: Elektrische Blitze gehen ihr voraus, es folgt eine kurze Orientierungsphase, dann die Kleiderbeschaffung und ein Kampf, nun jedoch nicht mit Punks, sondern mit Bikern. Anders als im ersten Teil wird die Technizität des Terminators allerdings sofort durch mehrere rot eingefärbte und mit Zusatzinformationen angereicherte *point of views* des Cyborgs offenbart. Von Anfang an stellt sich aber der Verdacht ein, daß diese Maschine diesmal nicht »der Böse« des zeitreisenden Paares ist. Coolneß und Witz kennzeichnen schon seinen ersten Auftritt und lassen ihn sympathisch erscheinen. Die Bikermusik, die seiner ersten Motorradfahrt unterlegt ist, stellt darüber hinaus Nähe zu John her, der Heavy Metal hört und dazu auf seinem Moped durch die Straßen braust.

Der Bösewicht des Films, ein Prototyp des weiterent-wickelten Terminator-Modells T-1000 (Robert Patrick), hat hingegen einen ganz anderen Charakter. Er ist keine grobmotorisch arbeitende Maschine, sondern unauffällig und anpassungsfähig. Bereits sein erster Auftritt macht dies deutlich: Nicht die spektakuläre »Ankunft« aus der Zukunft ist zu sehen, vielmehr wird der T-1000 mit sei-nem subjektiven Blick auf die Umgebung (bzw. auf den Rücken eines Polizisten, an den er sich von hinten an-schleicht) eingeführt. Erst dann schält sich seine Gestalt aus der Dunkelheit. Er schlägt den Polizisten nieder, schaut sich verstohlen um und setzt sich in den Polizei-wagen. Von nun an als Gesetzeshüter verkleidet, ist sein Auftreten gegenüber Informanten, die ihm bei der Suche nach John behilflich sein könnten, von ausgewählter Höflichkeit: Er bittet, bedankt und entschuldigt sich. So-bald er sein Opfer jedoch aufgespürt hat, ändert sich sein freundliches Verhalten radikal – rücksichtslos stößt er Kinder beiseite, zwingt einen Piloten mit dem zynischen Befehl »Aussteigen!« zum Sprung aus seinem Hub-schrauber oder tötet kurzerhand einen schockierten Un-fallzeugen, der ihm helfend entgegeneilt. Der T-1000 ist einfach ein schmieriger Fiesling.

Noch bevor im Film die Rollenverteilung von »Gut« und »Böse« explizit geklärt wird, deutet einiges auf die Gefahr hin, die von dem »menschlich« wirkenden T-1000 aus-geht. Seine Auftritte werden von einem bedrohlichen In-dustriesound begleitet. Ähnlich wie der böse Terminator (Modell 101) im ersten Film wählt der T-1000 bevorzugt Polizeifahrzeuge und nutzt deren Ausrüstung (Funk, Computer mit erkennungsdienstlichen Daten), um sein Opfer zu finden. Auch bei ihm schlagen Hunde an, die in der Zukunft, aus der er kommt, zum Aufspüren von Cy-borgs eingesetzt werden. Ferner macht ihn seine übertrie-bene Höflichkeit verdächtig, wenn er zum Beispiel mit den pädophil klingenden Worten »Er ist ein gutaussehender Junge, dürfte ich das Bild behalten?« Johns Pflegeeltern um eine Fotografie ihres Sohnes bittet. Der durchdringende Blick, mit dem er seine Gesprächspartner mit leicht nach unten geneigtem Kopf mustert, wirkt dabei bedrohlich, sein leichtes Lächeln ziemlich gemein.

Beim ersten Aufeinandertreffen der beiden Cyborgs wird nicht nur die Rollenverteilung geklärt, sondern auch deren unterschiedliche Konstruktionsprinzipien. Beide haben John aufgespürt und nähern sich ihm. Während der Terminator (Modell 101) mit schweren Schritten durch einen langen Flur stapft und maschinenmäßig ein großkalibriges Gewehr entsichert, biegt der T-1000 schneidig um eine Ecke, zückt mit der linken Hand seine Pistole und feuert auf John. Das mit Haut überzogene Stahlskelett des Terminators fängt mit metallischem Geräusch die Kugeln ab, die John gelten. Die Treffer, die der T-1000 abbekommt, hinterlassen hingegen große, metallisch glänzende Löcher in seinem Körper, die sich sehr schnell von selbst wieder schließen. Bei der anschließenden Verfolgungsjagd explodiert der LKW des T-1000, der jedoch als silberne Figur aus den Flammen heraustritt und mit einem schleifenden Geräusch wieder seine alte Gestalt annimmt. Diese Eigenschaften des T-1000 ergeben sich aus seiner stofflichen Konsistenz: Er besteht aus einer mimetischen Polylegierung, d. h. flüssigem Metall. Aufgrund dieser Konsistenz halten ihn beispielsweise Gitterstäbe nicht auf – er »umfließt« sie einfach. Enge Öffnungen durchquert er in Tropfenform. Seine Arme kann er in Werkzeuge verwandeln, wenn er diese im Kampf verliert, verflüssigen sie sich und fließen einfach wieder in den Körper zurück. Schließlich besitzt der T-1000 die Fähigkeit, alle Objekte zu imitieren, die er einmal durch körperlichen Kontakt analysiert hat.

Der T-1000 scheint von seinen Fähigkeiten selbst begeistert zu sein. Nachdem er Johns Pflegemutter kopiert hat, um den Telefonanruf des Sohnes entgegenzunehmen und seinen Aufenthaltsort zu erfragen, spießt er in ihrer Gestalt den Vater auf. Selbstverliebt betrachtet er dann die Rückverwandlung des lanzenähnlichen Mordwerkzeugs in einen Arm. Wenig später beobachtet er emotionslos den Todeskampf eines Wachmannes, den er mit seinem zum spitzen Gegenstand gewordenen Zeigefinger durch das Auge aufspießt. Er legt seinen Kopf schief – eine Haltung, die der T-1000 in seinen verschiedenen Gestalten immer wieder einnimmt – und vertieft sich in den grausamen Anblick des zappelnden Mannes. In diesem kalten Blick des Mörders steckt ein sadistisches Vergnügen, das der T-1000 gegen Ende des Films voll auslebt. Er hat Sarahs Schulter durchbohrt, und als sie sich weigert, ihren Sohn herbeizurufen und damit in den sicheren Tod zu schicken, zieht er es vor, sie zu quälen, anstatt sich selbst auf die Suche zu machen. Mit den zynischen Worten »Ich weiß, daß das weh tut!« dreht er seinen Lanzen-Arm in Sarahs Wunde hin und her. In vollen Zügen genießt er den Anblick der Schmerzen, die er ihr zufügt, und zögert ihre »Terminierung« lustvoll hinaus (wodurch sie gerettet werden kann). Dieses sadistische Vergnügen scheint der T-1000 jedoch nur beim Töten von Menschen zu empfinden. Sein Kampf mit Modell 101 läuft hingegen sehr mechanisch, dafür aber um so unerbittlicher ab. Nachdem die beiden Cyborgs in mehreren Phasen ihre Kräfte aneinander gemessen haben, gelingt es dem Terminator trotz baulicher Unterlegenheit und unter Aufbietung seines Notstromaggregats, einen letzten Schuß auf den T-1000 abzugeben, der mit quietschendem und kreischendem Geräusch das Gleichgewicht verliert und in kochenden Stahl fällt. Während seines wilden Todeskampfes verwandelt er sich nochmals in die zeit seines »Lebens« von ihm verkörperten Gestalten, dann wird er zur unförmigen Blase und löst sich auf. Das lakonische Urteil lautet: »Terminiert!«

Terminator
(The Terminator)
USA 1984; R: James Cameron; Db: James Cameron, Gale Anne Hurd; D: Arnold Schwarzenegger (Terminator), Michael Biehn (Kyle Reese), Linda Hamilton (Sarah Connor).

Terminator 2 – Tag der Abrechnung
(Terminator 2 – Judgment Day)
USA 1991; R: James Cameron; Db: James Cameron, William Wisher; D: Arnold Schwarzenegger (Terminator), Linda Hamilton (Sarah Connor), Edward Furlong (John Connor), Robert Patrick (T-1000).

BETTINA BRÖMME

Gangsters Forever

Joker, Penguin & Co. (Batman)

Kaum hört man den Namen »Batman«, bewölken Visionen von dunklen Fledermausheerscharen das finstre Filmfan-Gemüt. »Bat« wie bad, böser, ganz böse, zappenduster, nachtschwarz: und dann – welche Enttäuschung! – steckt unter dem sexy-gruseligen Gummianzug ein Weichei wie Michael Keaton! Mit seinen wäßrigen Blauaugen und der faden Fönfrisur könnte er nicht mal eine zweite Grundschulmädchenklasse erschrecken. Okay, zugegeben, soll er auch gar nicht, schließlich ist Batman ja der Retter *vor* dem Bösen. Aber dieser Umstand zeigt doch ganz deutlich, wer die wahren Helden in allen Batman-Filmen sind: die Gangster, Gauner, Ganoven, die durchgeknallten Forscher und todesfrustriert-aggressiven Sekretärinnen. Denn ohne sie alle hätte Batman gar keinen Grund, sein langweiliges Reiche-Leute-Söhnchen-Leben mit den Gut-Menschen-Wohltätigkeitsdinners zu verlassen, den öden Frack gegen den geilen Gummisuit zu vertauschen und davonzuflattern ins Abenteuer, ins wahre Leben, das so genug Stoff für ein, zwei, drei, vier Filme hergibt. Und was haben vor allem die ersten beiden Batman-Filme vom genialen Fantasy-Regisseur Tim Burton

(*Batman*, 1989, und *Batmans Rückkehr*, 1992) nicht für bewegende Bösewichte zu bieten!

Sie alle eint ein tragisches Schicksal, das sie unter buntschillernden Masken und Kostümen verbergen. Sie sind Opfer ihrer Mitmenschen – zum Teil sogar Batmans Opfer – und haben sich dafür entschieden, Rache zu üben und damit auf die dunkle Seite des Weges zu gehen, was sie eindeutig zu Tätern macht. Sieben schrille Outlaws begegnen uns in vier Batman-Filmen: der Gangster Jack, der sich in »Joker« verwandelt, das ausgesetzte Baby Oswald, das als »Penguin« zurückkehrt, die verstoßene Sekretärin Selina, die sich als »Catwoman« katzenhaft wild rächt, der ehemalige Staatsanwalt Harvey Dent, der von Haß und Rache zersetzt mit gespaltener Persönlichkeit als »Two-Face« nur noch die Seite des Bösen vertritt, das verkannte Erfindergenie Edward Nygma, das zum wandelnden Rätsel (E. Nygma!) wird und als »Riddler« den Menschen ihr letztes Quentchen Intelligenz rauben will, die häßliche Biologin Pamela, die als verrückte Mutter-Natur-Rächerin, als »Poison Ivy«, die Männer um Verstand und Leben bringt, und der wahnsinnige Forscher Victor Fries (da denken wir doch gleich an Victor Frankenstein …), der über seiner toten Geliebten zum eiskalten Brutalo »Mr. Freeze« mutiert. Und um es gleich vorwegzuschicken: Die Gemeinen der ersten Generation, also die Kinder Tim Burtons, Joker, Penguin und Catwoman, sind so vollkommene *villains*, daß Joel Schumachers Möchtegernmieslinge Two-Face, Riddler, Ivy und Freeze nur als blasse Rasselbande in Erinnerung bleibt. Hauptsächlich liegt das wohl daran, daß bei ersteren genug Zeit bleibt, sie uns als echte Menschen mit Vergangenheit näherzubringen, während bei letzteren an die Stelle der Vorgeschichte öde Action-Ballerei tritt.

Batman

Jack Nicholson

Jack Napier (Jack Nicholson) in *Batman* ist ein ganz normaler Schurke, der seinem mafiaartigen Boß Carl Grissom (Jack Palance) erst die Freundin ausspannt (Ex-Mick-Jagger-Gattin Jerry Hall) und ihn dann über den Jordan schickt. Jack ist ein risikofreudiger Spieler und übler Macho, der mit seinen Gegnern kein Pardon kennt und als Psychopath gilt. Und dann erfahren wir: Schon mit 15 Jahren verübte er seinen ersten Raubüberfall – ja, Jack Napier war es, der Batman-Alter-ego Bruce Wayne zum Waisenknaben machte, indem er dessen Eltern umbrachte. Und als webe sich ein unsichtbares Band durch das Leben von Batman und diesem Jack Napier, treffen die beiden Erzfeinde so lange aufeinander, bis Batman Jack eines Tages in ein riesiges Bassin mit Säure fallen läßt – wo der Bösewicht sich natürlich nicht in seine garstigen Bestandteile auflöst, sondern wie aus einem Jungbrunnen in neuem, frischem Gewande emporsteigt: »Joker«, der lebendige Tote, quasi chemieschaumgeboren. Im verwegen lilafarbenen Anzug läuft er fortan herum, schneeweiß ist er im Gesicht (das er sich gelegentlich hautfarben schminkt, um als »Mensch« durchzugehen), und sein Mund ist zu einem unauslöschlichen Grinsen verzerrt, das selbstverständlich an Jack Nicholsons andere Fiesling-Paraderolle in *Shining* erinnert. Normalerweise zeigt ein Lachen im Gesicht ja, daß ein Mensch Gutes im Schilde führt, daß er zu Harmonie und Menschenliebe bereit ist – der Joker stellt das alles auf den Kopf: Aus seiner Ansteckblume spritzt Gift, während aus seinem Revolver ein kleines Fähnchen flutscht, auf dem PENG steht. Sein Lachen ist das des triumphierenden Todes: »Ich bin schon tot gewesen – das ist sehr befreiend. Wie eine Therapie.«

Wie fade dagegen Two-Face (Tommy Lee Jones) aus *Batman Forever* (USA 1995): War mal Staatsanwalt – was für ein knochentrockener, öder Job. Wurde bei einem Attentat verletzt und von Batman nicht gerettet – was für ein mieser Grund für Rachegelüste. Ist in eine schwarzweiße und eine grellbunte Hälfte aufgespalten – keinerlei Zwischentöne, Schattierungen, Irritationen. Läßt eine Truppe großer, grober Kerle für sich schlägern – kein bißchen Anmut, Phantasie, wie sie Jokers tänzerische Zirkustruppe ausstrahlt. Kurzum: zum Gähnen, dieser Two-Face.

Joker aber ist der »erste Todeskünstler«, wie er sich selber nennt, der alle zu Zombiewesen wie sich selbst machen will, wenn er in Gothams Kunstmuseum einbricht und dort so lange Kunst macht, bis der Tod eintritt: »Verschönert« er zunächst Gemälde mit wüsten Farbattentaten, müssen schnell auch Wärter, Besucher und alle anderen als Todeskunstwerke herhalten, werden niedergestreckt, und ihnen wird – quasi als Signatur des Künstlers – dessen unauslöschliches Grinsen ins eigene Gesicht gebrannt.

Während Joker mit dem Teufel im Morgenlicht tanzt, sein Bündnis mit dem Bösen schließt und stolz darauf ist, hat Two-Face eine flach fatalistische Weltsicht: »Ein Mann ist ein Held, sein Bruder ein Kuhhirte. Babys verhungern, Politiker werden fett. Warum? Glück! Blindes, dummes, simples, ahnungsloses Glück.« So mordet es sich leicht. Joker aber wird angetrieben: »Mein Schmerz heißt Batman«, weiß er genau, und diesen Stachel versucht er sich aus dem Leib zu reißen.

II. Penguin vs. Mr. Freeze

Der elegische Anfang von *Batmans Rückkehr* gehört allein der Mißgeburt Oswald Cobblepot, dessen Schicksal Charles Dickens nicht besser hätte ersinnen können. Wie platt, wie langweilig wirkt da in seiner aufgeregten Action-Hörigkeit der Anfang von *Batman & Robin* (USA 1997), wo Regisseur Joel Schumacher mit lauter Feuerwerksknallerei davon abzulenken versucht, daß der böse Onkel »Mr. Freeze« (Arnold Schwarzenegger) ein kläglicher Wissenschaftler mit nicht mal James-Bond-tauglichen Allmachtsphantasien ist.

Hier aber, bevor Batman zurückkehrt, sehen wir den Weg eines kleinen, hilflosen Babys, das statt niedlicher Fingerchen seltsame, schwimmvogelartige Klauen hat und deshalb von den mitleidslosen Eltern einfach entsorgt wird: in einem schwarzen Kinderwagen! Kurz vor Weihnachten!! Einfach in die Kanalisation gekippt!!! Wie Moses im Körbchen entschwimmt das Baby in die Unterwelt von Gotham City und lebt dort fortan als Zwittergestalt aus Mowgli, Tarzan und Kaspar Hauser. Erst 33 Jahre später taucht das arme Geschöpf wieder auf, inzwischen fast gänzlich zum Pinguin mutiert und Heerführer einer aggressiven Armee der sonst so putzigen Tierchen – und wer kann dieser Kreatur den Wunsch nach Vergeltung absprechen? Einmal im Leben möchte auch der Penguin Respekt, er möchte dazugehören, er möchte seine Herkunft erfahren, er möchte geliebt werden! Würden wir nicht alle über Leichen gehen nach diesem Schicksal?

Bei Victor Fries leiden wir wirklich nicht mit. Okay, Freeze muß den Tod seiner geliebten Frau verkraften. Aber warum sucht er sich nicht einfach eine Neue? Da würde ihm schon wieder warm ums Herz werden. Natürlich sieht es schick aus, wie er so mit seiner Schneekanone die Menschen in lebende Eiswürfel verwandelt, und die Drehbuchautoren legen ihm viele launige Wortspiele à la »Der Eismann klingelt nicht zweimal« oder »Heute nacht machen wir die Hölle kalt« in den Mund. Aber mal im Ernst: Mit seinen roten Äuglein und dem dicken Panzer sieht er so gar nicht mehr nach einem echten Menschen aus – und wer fiebert schon mit einer Bösewicht-Maschine?

Der Penguin wirkt um so tragischer, als er sich auch noch von dem einzigen »menschlichen« Bösewicht der Batman-Filme, nämlich von Max Shreck ausbeuten läßt (Christopher Walken, dessen Rollenname sich vom Schauspieler des *Nosferatu* ableitet). Shreck will ihn, einen Pinguin (!), zum Bürgermeister von Gotham City machen. Daß Shreck dabei nur die Naivität von Penguin ausnutzen will, merkt der nach Anerkennung Hungernde gar nicht. Aber Penguin geht aufrecht seinen Weg von unten nach oben und wieder zurück: Wenn er am Ende durch die Hitze der Welt stirbt, dann doch wenigstens in der Gewißheit, daß er es denen da oben mal gezeigt hat – daß er kurz davor war, ihre Kinder dem Schicksal auszusetzen, das er erleiden mußte. Sein Fazit: »Sie müssen zugeben, daß ich mit dieser stinkenden Stadt gespielt habe wie mit einer Harfe aus der Hölle!«

Ein Mr. Freeze kommt zu solchen Einsichten gar nicht. Nach ein bißchen Geballere und Eingefriere erbarmt man sich seiner, weil er plötzlich einen edlen Zug an sich entdeckt. Er händigt Batman eine Flasche seiner Medizin aus, mit der der Flattermann sein ewiges Kindermädchen Alfred Pennyworth retten kann, der an derselben Krankheit leidet wie Freezes tiefgefrorene Ehefrau. Ein Böser, der gemeinsame Sache mit den Guten macht, der sich kaufen läßt und abspeisen mit dem Versprechen, forschen zu dürfen. Wie billig! Und eines echten Batman-Bösewichts absolut unwürdig. Wir wollen den »Heldentod«!

III. *Catwoman vs. Riddler vs. Poison Ivy*

Die Sehnsucht nach Liebe und Anerkennung treibt genau wie Penguin auch Selina Kyle (Michelle Pfeifer) in *Batmans Rückkehr* um. Auch sie ist eine Verlorene im Großstadtdschungel. Mit ihrem öden Sekretärinnenoutfit und der häßlichen Brille wird sie sogar zum Spottobjekt des sonst so auf sein Prince-Charming-Image bedachten Bruce Wayne. Aber mehr noch – Selina Kyle, die in ihrem einsamen Apartment (»Darling, ich bin zu Hause – ach, verdammt, ich bin ja gar nicht verheiratet!«) mit schwarzer Katze, Stofftieren und Botschaften ihrer Mutter auf dem Anrufbeantworter dahinvegetiert, wird von ihrem Boß Max Shreck kurzerhand ums Leben gebracht. Selina ist vielleicht häßlich und wirkt naiv – dumm ist sie nicht. Die Pläne ihres Bosses, riesige stromerzeugende

Anlagen zu bauen, die in Wirklichkeit der Stadt Energie abzapfen, hat sie schnell durchschaut und damit ihr eigenes Todesurteil unterschrieben. Doch ebenso wie der Joker sein Säurebad überlebt, kehrt auch Selina zurück. Katzen hauchen ihr wieder Leben ein, und die ehemals so wilden Tiere finden in ihr das richtige Medium, weiblicher Aggressivität von nun an freien Lauf zu lassen. In einem Tobsuchtsanfall verwüstet Selina ihr ödes Apartment – die Stofftiere landen im Gemüseschredder, die Sekretärinnenkostümchen werden zerfetzt, die Wände schwarz besprüht, und die Neonleuchtschrift überm Bett »Hello there!« verwandelt sich mit einem gezielten Schlag in die Botschaft »Hell here!«. Zum neuen Lebensgefühl fehlt natürlich das passende Outfit, und mit Hilfe eines selbstgenähten Lackledersuits wird aus der braven Selina die erotisch-wilde Catwoman mit den neun (Katzen-)Leben. Zunächst treibt sie nur der Wunsch nach Rache an ihrem Chef – aber der Kampf führt sie auch mit Batman zusammen, der ihr eines ihrer Leben raubt und der von da an zum Konkurrenten, wenn nicht gar Gegner wird.

Poison Ivy (Uma Thurman), die böse Mutter Natur aus *Batman & Robin*, bleibt weit hinter ihrer Vorgängerin zurück. Ja, sie ist auch häßlich, ja, sie wird auch von ihrem Chef umgebracht, ja, auch sie sieht nach ihrer Verwandlung sexy aus und macht die Männer mit Pheromondosen verrückt – okay, aber sie hat keine Seele, sie hat keine Tiefe, und ihr Woher und Wohin bleibt völlig im dunkeln. Hatte sie vor ihrer Verwandlung überhaupt ein Privatleben? Ist sie nicht einfach die weibliche Wiedergeburt des Riddler (Jim Carrey) aus dem Vorgänger *Batman Forever* – eines ebenso häßlichen wie übersehenen Erfinders, der von *Wayne Enterprises* und seinem Chef Bruce Wayne nicht ernstgenommen wird und sich deshalb aus gekränkter Eitelkeit und Machtgier rächt. Kommt Ihnen das irgendwie bekannt vor?

Catwoman dagegen verkörpert die einsame Single-Frau im Großstadtmoloch, die nur als Amazone überlebt und sich jedem Abenteuer stellen muß. Und während Poison Ivy nur auf die Verfolgung ihrer, ja zugegeben, hehren Ziele, die Natur zu retten, fixiert ist, hat Catwoman immer mit ihrem Doppelleben als wilder Katze und sehnsüchtiger Frau zu kämpfen. Selina und Bruce – das wäre ein Paar, Catwoman und Batman – das sind Feinde.

Poison Ivy nervt glücklicherweise nicht allzu lange, wird von einem ihrer Riesenkohlköpfe verschlungen und damit sozusagen im Mutter-Erde-Schoß aufgenommen, während der Riddler die von ihm bösartig abgesaugten Gedanken der Bewohner Gotham Citys unplanmäßig alle auf einmal implantiert bekommt und davon wahnsinnig wird. Am Schluß hält er sich selbst für Batman – für einen Guten! Wir wenden uns mit Grausen.

Wie elegant, wie würdevoll dagegen Catwoman! Nachdem sie einen Großteil ihrer Leben im Kampf eingebüßt hat, verschwindet sie im Dunkel der Nacht, hin- und hergerissen zwischen der Sehnsucht nach Freiheit und der Sehnsucht nach Liebe. Einmal noch sieht man ihren Katzenschatten in einem Hinterhof aufblitzen, und Bruce Wayne läuft ihr hinterher wie seinerzeit George Peppard hinter Audrey Hepburn und ihrer Katze in *Frühstück bei Tiffanys* – doch vergebens, Selina bleibt verschwunden.

Vielleicht hat Batman das nicht verkraftet. Vielleicht wurde er deshalb in Teil drei von Val Kilmer (noch blasser) und in Teil vier von George Clooney (nur noch lachhaft) ersetzt. In den vielschichtigen Bösen und Unglücklichen der ersten beiden Filme konnte Batman noch seine eigene vielschichtige Seele spiegeln, konnte sich reiben und seine eigene Menschlichkeit entdecken. In Teil drei und vier stellt er nur seinen Umhang, seine Hülle zur Verfügung, um sich seine Energie aufzubewahren, bis vielleicht, eines Tages, die Pappmaché-Kanaillen verschwinden und die wahren Ganoven, die tragischen, zurückkehren.

Batman
USA 1989; R: Tim Burton; Db: Sam Hamm, Warren Skaa-
ren (nach einer Comicfigur von Bob Kane); D: Michael
Keaton (Batman/Bruce Wayne), Jack Nicholson (Jack
Napier/Joker), Kim Basinger (Vicki Vale), Jack Palance
(Carl Grissom), Michael Gough (Alfred Pennyworth),
Jerry Hall (Alicia).

Batmans Rückkehr
(Batman Returns)
USA 1992; R: Tim Burton; Db: Daniel Waters, Sam
Hamm; D: Michael Keaton (Batman/Bruce Wayne), Mi-
chelle Pfeiffer (Selina Kyle/Catwoman), Danny DeVito
(Oswald Cobblepot/Penguin), Christopher Walken (Max
Shreck), Michael Gough (Alfred Pennyworth).

Batman Forever
USA 1995; R: Joel Schumacher; Db: Lee Batchler, Janet
Scott Batchler, Akiva Goldsman; D: Val Kilmer (Batman/
Bruce Wayne), Tommy Lee Jones (Harvey Dent/Two-
Face), Jim Carrey (Edward Nygma/The Riddler), Nicole
Kidman (Dr. Chase Meridian), Chris O'Donnell (Dick
Grayson/Robin), Michael Gough (Alfred Pennyworth).

Batman & Robin
USA 1997; R: Joel Schumacher; Db: Akiva Goldsman;
D: George Clooney (Batman/Bruce Wayne), Arnold
Schwarzenegger (Dr. Victor Fries/Mr. Freeze), Chris O'-
Donnell (Robin), Uma Thurman (Pamela Isley/Poison
Ivy), Alicia Silverstone (Barbara Wilson/Batgirl), Elle
Macpherson (Julie Madison), Michael Gough (Alfred
Pennyworth).

Marvellous Marsellus

Marsellus Wallace (Pulp Fiction)

Kaum etwas ist schwieriger, als dem Positivhelden zu huldigen. Leichter fällt es: zu loben den Schurken; und am leichtesten: den im Hintergrund die Strippen Ziehenden, den scheinbar Überflüssigen, den, der nicht zentral das Geschehen lenkt.

Der mir zum liebsten Gauner herangewachsene Kinogangster trägt den Namen Marsellus Wallace. Ving Rhames gibt ihn – zugunsten des erstmals im Mai 1994 auf den Filmfestspielen von Cannes präsentierten Spielfilms *Pulp Fiction* von Quentin Tarantino.

Produzent Danny DeVito tat einen »guten Griff«, da er Tarantino, den ehemaligen Videothekenangestellten, nach *Reservoir Dogs* unter seine Fittiche nahm. Der Kritiker Roger Ebert feierte *Pulp Fiction* mit besten Gründen: eine nicht recht surreal verbogene, nicht recht die Grenze zum Splatter Movie streifende, aber eine saugute und generös brutale Komödie über »Gewalt und Gedärme«, inklusive der notwendigen Drogen und sexuellen Ausschweifungen, wie sie Mitte der 90er womöglich in dieser Form noch nicht Usus waren.

Tarantino, der »Jerry Lewis des Kinos« (yeah, he rocks the audience), sei, bemerkte Ebert, zu begabt, um langweilige Filme zu drehen, und seine Liebe zu jeder einzelnen Einstellung gleiche jener des Trashheroen Ed Wood. Tarantinos kindliche Energie beflügele ihn derart stark, daß er oft kein Ende finden könne. *Pulp Fiction*, ein Geflecht aus Episoden, die sich überlappen und deren chronologische Anordnung – wie etwa in *Citizen Kane* – nonlinear ist, folgt per Titelgebung und Genrewahl den Schundstorys, die während der 30er und 40er Jahre US-amerikanische Zeitschriften füllten. Bloß, was sagt uns das?

Tarantino gelang das Unmögliche: eine Reminiszenz an die Breitensubkultur durch überbordende Genauigkeit, liebevoll präzise Shots und eine vollends und voll ausgeklügelte Handlungsführung hochartistisch zu adeln. Er verhalf nicht nur John Travolta zum Comeback, sondern besetzte noch die kleinste Rolle perfekt, ja: pomfortionös.

Schwer fällt es mir, hic et nunc keine Ode an Harvey »Mr. Saver« Keitel (Winston Wolf), den vielleicht größten lebenden Schauspieler, herunterzureißen und Satz um Satz seinen zwanzigminütigen kaffeetrinkenden Spezialeinsatz (»So, pretty please – with sugar on top ... clean the fuckin' car!«) als Oberchecker (»The Bonny Situation«) abfackelnd abzufeiern (wenigstens apokryph gewürdigt sei das Gespräch mit Jimmie [Tarantino] über die Vorzüge prächtiger Schlafzimmermöblierungen), das darf dann ein andermal geschehn; jammern sollte ich nicht zu knapp, Uma Thurmans Koks- und Freß- und Saufauftritt in Gestalt des Wallace-Weibes nicht bejubeln und begrabbeln zu können; nicht den Kellner Buddy Holly und nicht Travolta (Vincent Vega) und Samuel L. Jackson (Jules Winnfield), die naiven Gedungenen und *hit men* des römisch-imperatorischen Marsellus, die ziemlich: *ziemlich* wortgewandt säumige Kunden umlegen – man denke an den Doppelten-Cheeseburger-Disput – und für eine der komischsten Szenen der letzten hundert Kinojahre sorgen, da Vegas' Wumme aus blankem Versehen losdröhnt (bzw. wegen eines Straßenlochs) und der schöne Wagen gehirnfetzenverkleidet wird, weil Marvin, einer der Dealer, seinen Kopf nicht abgeschraubt hatte. Jules: »Why the fuck did you do that! Oh man, I've seen some crazy ass shit in my time!« – Vincent: »Chill out, man. I told you it was an accident. You probably went over a bump or something.« – »Hey, the car didn't hit no motherfucking bump.« – »Hey, look, man, I didn't mean to shoot the son of a bitch! The gun went off.«

Sie alle sind verliebt in jeden ihrer Sätze, und sie agieren gottnochmal grandios. Bruce Willis ohnehin. Willis, der Boxer Butch Coolidge, der nicht mehr fighten mag, läßt einen Deal platzen. Gegen das Bestechungsagreement gewinnt er seinen letzten Kampf und haut ab – und Marsellus übers Ohr. Das gefällt unserem Gangsterboß um ein nicht geringes nicht. Er macht sich auf die Suche nach dem Wortbrüchigen, und die fatale Verzwicktheit, die sämtliche Episoden prägt, nimmt ihren Lauf.

In einem Waffengeschäft – Butch flieht vor dem rasenden, schnaubenden, tobenden, tötungsnarrischen Marsellus (»I'm prepared to scour the earth for that motherfucker. If Butch goes to Indochina, I want a nigger waiting in a bowl of rice to pop a cap in his ass«) – fallen beide zufällig einem Paar »Nazischwulen« (Gert Ockert) in die Hände, d. h. in die Folterkammer etc. Die folgende Vergewaltigung zählt zum Ekelerregendsten. Das erste Opfer ist Marsellus. Wir sparen uns etwaige Schilderungen. Butch kann jedoch unbeobachtet die Fesseln lösen, greift zum Samuraischwert und befreit den Rivalen, dem's gerade widerfährt. Plötzlich stehen sich die Erzkontrahenten gleichberechtigt gegenüber. Der bis aufs Blut und den Arsch gedemütigte Niggerchief läßt Butch laufen, und niemals zuvor durfte ein Schuft meines Einverständnisses gewisser sein: Marsellus Wallace knallt der weißen Drecksau die Weichteile weg.

Dem Racheakt geht ein knappes Zwiegespräch voraus. Butch: »You okay?« – Marsellus: »No. I'm pretty fuckin' far from okay.« Und setzt hinzu: »No one needs to know about this except you, me and Mr.-soon-to-be-living-the-rest-of-his-short-ass-life-in-agonizing-pain-rapist here.«

Was mir das bedeutet – egal. Es verleiht ihm, meinem Lieblingshalunken, eine seltene Würde – im Moment des kompletten Verlusts der Souveränität. Er regelt ja nicht direkt die täglichen Geschäfte, gegenwärtig ist er ständig. Marsellus Wallace spricht gemeinhin mit der Waffe und läßt ansonsten ausrichten – ein Nimbus der wahren Meister des Milieus. Gehilfe Jules sieht das in der Eingangsszene so: »Marsellus Wallace doesn't like to be fucked by anybody, except Mrs. Wallace.«

Ich stimme dieser Haltung zu.

Ob *Pulp Fiction* ein »Film für jeden Geschmack« (Ebert) ist, möchte ich nicht entscheiden. Für meinen reicht er. Das reicht mir.

Pulp Fiction
USA 1994; R: Quentin Tarantino; Db: Roger Avary, Quentin Tarantino; D: John Travolta (Vincent Vega), Samuel L. Jackson (Jules Winnfield), Bruce Willis (Butch Coolidge), Ving Rhames (Marsellus Wallace), Uma Thurman (Mia Wallace), Harvey Keitel (Winston Wolf).

JOACHIM MOCZALL

Nichts als eine Geschichte

Keyser Soze (Die üblichen Verdächtigen / The Usual Suspects)

Wir sehen, daß einer erzählt. Das kann er. Schließlich nennt man ihn »Verbal«.

Verbal Kint, ein kleiner, verkrüppelter Gangster mit erstaunlich sanfter Stimme, sitzt dabei in einem dieser typischen Polizeibüros. Ihm gegenüber der Cop Kujan. Einer, der schon zu viele Geschichten gehört hat und erst mal gar nichts glaubt. Kujan untersucht die verheerende Schiffsexplosion im Hafen von vergangener Nacht. Und er hat Fragen, viele Fragen. So nimmt er Verbal, einen von zwei Überlebenden, in die Mangel. Langsam, stockend, oft auch widerwillig erzählt Verbal seine Geschichte.

Der Film *Die üblichen Verdächtigen* aus dem Jahr 1995 ist fast nichts anderes: fast zur Gänze diese Geschichte. Man könnte auch sagen: nichts als eine Geschichte.

Sie beginnt als reiner Zufall: fünf verschiedene Gangster, willkürlich zusammengewürfelt für eine arrangierte Gegenüberstellung auf einem Polizeirevier, die üblichen Verdächtigen halt, und wie diese fünf so gänzlich verschiedenen Männer zusammenbleiben, widerwillig zum Teil, für einen gemeinsamen Coup, bis es irgendwann kein Zurück mehr gibt. Verbal Kint ist einer von ihnen. Der kleinste, unbedeutendste.

Die Geschichte nimmt sich Zeit, langsam bekommt jedes Detail Bedeutung. Wir merken bald: Nichts an dieser Geschichte ist zufällig – bald schon zappeln unsere fünf im sorgsam gesponnenen Netz eines gigantischen Plans. Sie werden zum Werkzeug für einen geheimnisvollen Unbekannten, Requisit für einen Regisseur, einen Strippenzieher, der sich allmählich erst aus den Kulissen löst, sich daraus erhebt, um zum Schurken schlechthin zu werden. Der geheimnisvolle Mr. X. Sein Name: Keyser Soze.

Keyser Soze – das ist der große Unbekannte. Bei der Erwähnung seines Namens ersterben die Gespräche ringsherum, selbst hartgesottene Verbrecher beginnen zu zittern, und ein neuer, wachsamer Blick stiehlt sich in ihre Gesichter. Denn Keyser Soze – das ist, so scheint es, grenzenlose Macht: Nichts gibt es, das ihm unmöglich wäre. Einer mit furchtbarem Willen und mörderischer Skrupellosigkeit, einer, der vor nichts und niemandem zurückschreckt. Einer schließlich, den niemand je richtig gesehen hat, ein Phantom, eine schattenhafte Gestalt. Seine Zeichen sind Macht und Unsichtbarkeit. Beides gehört bei ihm unmittelbar zusammen: Seine Macht *ist* seine Unsichtbarkeit.

»Kein Mensch hat geglaubt, es gäbe ihn wirklich. Kein Mensch kannte ihn selber oder auch bloß irgendwen, der mal für ihn gearbeitet hat. Aber ... es konnte praktisch jeder für ihn arbeiten. Du konntest es nie wissen – darin bestand seine Macht.«

Keyser Sozes größte Kraft ist die Legende. Seine Macht gründet sich auf sein Geheimnis. Sein Element ist das

Wort, sind die Geschichten, die man sich über ihn erzählt. Auch Verbal Kint kennt eine davon, eine monströse Anekdote, die er Inspektor Kujan schildert. Sie handelt von Sozes Anfängen, damals als kleiner Drogenschieber in der Türkei. Und wie das damals war, als eine Bande Ungarn Sozes Geschäft übernehmen wollten und in sein Haus eindrangen, um dort auf ihn zu warten, als sie seine Frau vergewaltigten und zusammen mit seinen Kindern als Geiseln nahmen.

Und wie schließlich Soze nach Hause kommt und *»diesen willensstarken Männern zeigt, was wirklicher Wille bedeutet«*. Er erschießt seine eigene Familie vor den Augen der entsetzten Gangster, bevor er dann auch diese tötet: *»Den letzten Ungarn läßt er laufen. Er wartet, bis seine Frau und seine Kinder unter der Erde sind, und dann spürt er den Rest der Bande auf. Er tötet ihre Kinder, er tötet ihre Frauen, er tötet ihre Eltern und die Freunde ihrer Eltern. Er verbrennt die Häuser, in denen sie wohnen, die Geschäfte, in denen sie arbeiten. Er tötet Menschen, die ihnen Geld schulden.«*

Es ist während dieser Erzählung, daß Inspektor Kujan ganz nahe an Verbal Kint herankommt. Im fließenden Rhythmus von Verbals Worten spürt nun auch Kujan etwas von Keyser Sozes Macht, etwas von der Faszination des Bösen. Er, der nichts glauben will, gerät in den Bann der Erzählung. Es ist ein Moment der Ruhe, ein Moment des Einvernehmens zwischen beiden Männern. Zwischen Erzähler und Zuhörer. Und dann, etwas später sehen wir Kujan (das einzige Mal im ganzen Film) lächeln. Es ist der Moment, in dem Keyser Soze endgültig ins Zentrum des Geschehens rückt. Und das, obwohl er unsichtbar bleibt, flüchtig wie ein Wort.

»Und einfach so – ist er weg. Abgetaucht, kein Mensch hat ihn je wieder gesehen. Er wird zu einem Mythos, einer Gespenstergeschichte, die Verbrecher ihren kleinen Kindern erzählen: ›Wenn du deinen Daddy verpetzt, dann wird Keyser Soze dich holen.‹«

Keyser Soze lebt in diesen Geschichten, maskiert bis zur Kenntlichkeit taucht er in ihnen auf und wächst so ins Ungeheure. Dabei ist es ganz egal, ob man diese Legenden zweifelnd oder ängstlich forterzählt, sie als Realität oder Fiktion, als konkrete Gefahr oder bloße Gespenstergeschichte rezipiert – keinen lassen sie kalt. Denn es sind gute, es sind spannende Geschichten. Sie zwingen jeden zuzuhören – so wie Inspektor Kujan Verbal zuhört, in diesem unaufgeräumten Büro, am Tag nach der Explosion im Hafen. Unter den 27 Leichen sind auch unsere »üblichen Verdächtigen« vom Anfang, die offenbar von Keyser Soze auf dieses Schiff geschickt worden sind. Ein Himmelfahrtskommando, wie es scheint. Irgendwie ging es um Rauschgift, um 91 Millionen Dollar, irgendwie aber auch um einen Kronzeugen, einen der wenigen, die Keyser Soze je von Angesicht zu Angesicht gegenübergestanden hatten. Dies, wir ahnen es schon, ist sein Todesurteil. Denn Soze kämpft darum, ungesehen zu bleiben. Zurückzukehren in seine Wortewelt, in den Mythos der Erzählung. So bleibt er unsichtbar. In einer Welt, in der viele nur das glauben, was sie sehen, ist Keyser Soze das Gegenprinzip – das Prinzip des Erzählens.

Kujan: »Glaubst du an ihn, Verbal?«
Verbal: »Ich persönlich glaube an Gott – und das einzige, wovor ich mich fürchte, ist Keyser Soze.«

Keine der Figuren im Film läßt Keyser Soze kalt. Jedem stellt er die Glaubensfrage. Entscheidend dabei: Sowohl diejenigen, die an Soze glauben, als auch die anderen, die seine Existenz anzweifeln, beide sind gleichbeteiligt am Ergebnis, am Mythos. Das Reden darüber vereinigt sie. Sobald erzählt wird von ihm, vergrößert man Keyser Sozes Macht. So gibt Verbal Kujan alles, was dieser will: Eine Geschichte wie ein Uhrwerk, eins spielt ins andere. Jede neue Information wird aufgegriffen, jedes Puzzleteil bekommt (nach Erwähnung) seinen Platz zugewiesen. Sicher, es ist keine einfache Geschichte, sondern eine mit

Widerhaken, aber auch das ist kein Zufall. Schließlich ist Inspektor Kujan schon von Berufs wegen einer, der nachhakt und zweifelt. Und der nur das glaubt, was er sich selbst erklären kann. Und so wie Kujan werden auch wir, die Zuschauer, hineingezogen in Verbals Geschichte. Wir wollen an Keyser Soze, an den Teufel glauben. Nur deshalb existiert er.

Und sobald man sich einläßt auf Sozes Geschichte(n), ist man verloren. Auch Inspektor Kujan macht diese Erfahrung. Er, der doch nichts anderes sucht als die Wahrheit, als Erklärungen und Zusammenhänge, sitzt nach dem Verhör in dem Büro, und die gehörte Geschichte läßt ihn nicht mehr los, sie springt ihn förmlich an aus allen Ecken des Raums – und jeder kleinste Gegenstand erzählt diese Geschichte neu.

»Der größte Trick, den der Teufel je gebracht hat, war, die Welt glauben zu lassen, es gäbe ihn gar nicht.«

Das Filmbild erfüllt dabei für uns dieselbe Funktion wie Verbals erzählte Geschichte für Kujan. Es ist nichts anderes. Es hat keine andere Funktion. Auch ihm wollen wir glauben. Wir *sehen* Sozes Schatten, nachts am Hafen, *also existiert er.* Auch wir glauben, daß alles gut, sprich: gelöst wird. Und bekommen am Ende folgerichtig ein Aha-Erlebnis, eine Pointe, eine – vermeintliche – Auflösung präsentiert. Doch da ist Verbal schon gegangen, raus auf die Straße, eingetaucht in das städtische Alltagsgewirr.

Und genau wie Inspektor Kujan in seinem jetzt sehr stillen Büro kommen auch wir ganz am Schluß an den Punkt, wo sich nur wieder neue Rätsel ergeben. Neue Fragen: Was war denn nun wirklich auf dem Schiff? Und vor allem: Was ist wirklich passiert? Und ertappen uns dabei, wie wir eigentlich wieder ganz am Anfang stehen. Auflösung heißt hier (im wahrsten Sinne des Wortes) genau das: das Sichauflösen des zuvor sicher Geglaubten.

Die üblichen Verdächtigen hat so gesehen alles, was eine großartige, packende Kriminalgeschichte braucht, sie gibt

163

uns alles, was wir suchen – und weist doch am Ende darüber hinaus, indem sie alles Vorhergehende als Konstrukt
entlarvt. Indem sie so die Bedingungen des Erzählens selber aufzeigt und zum eigentlichen Thema macht. Indem
sie schließlich uns bei unseren Bedürfnissen packt, unserer Sucht nach Zusammenhang und Eindeutigkeit, um
diese dann doch ins Leere laufen zu lassen.

Und Keyser Soze? Er ist – und das ist vielleicht das einzige, was wir am Schluß wissen – nicht zu fassen. Er ist
und bleibt zu flüchtig, verkleidet in Sprache. Im wahrsten
Sinne ein Un-Mensch. Er weiß um den kritischen Moment der Konkretwerdung und wie schnell dieser – gerade im Film – den Nimbus des Schurken zerstören kann:
Wie viele Bösewichter der Filmgeschichte scheiterten an
diesem Moment, rutschten ab ins Lächerliche, und ihre
Macht wurde bloße Behauptung. Keyser Soze macht diesen Fehler nicht.

Darum ist er letztlich der monströseste Schurke, den
man sich überhaupt vorstellen kann – weil er konsequent
in der Erzählung verbleibt. Weil er sich der Identifizie-
rung bis zum Schluß verweigert, weil es eben nicht (wie
auf dem berühmten Filmplakat der *Üblichen Verdächtigen*)
zu einer Gegenüberstellung vis-à-vis kommt. Keyser Soze
ist Geschichte, nichts als Geschichte – und darum so wirk-
sam, weil er konsequent Geschichte *bleibt*.

Am Ende verschwindet er wieder, nicht geschlagen, besiegt von einem wie auch immer gearteten Helden, sondern einer, der untertaucht, bereit weiterzuleben, wieder
aufzutauchen, verwandelt. Solange erzählt wird. Nichts
als eine Geschichte. Und genau darum so groß.

Die üblichen Verdächtigen
(The Usual Suspects)
USA 1995; R: Bryan Singer; Db: Christopher McQuarrie;
D: Gabriel Byrne (Dean Keaton), Kevin Spacey (Roger
»Verbal« Kint), Stephen Baldwin (Michael McManus),
Chazz Palminteri (Dave Kujan).

Living in a box

Jim Profit oder Die Kunst der Manipulation

> Mom: »Ich bin Diabetikerin.«
> Jim: »Dann solltest du kein Heroin spritzen.«

Die USA in den 90er Jahren des letzten Jahrtausends. Eine Zeit der Wiederkehr des Verdrängten, der Erinnerung an vergessene Traumata. Frauen und Männer entdecken in Scharen, daß sie als Kinder mißbraucht, verführt, geschlagen, vergewaltigt worden sind. Die vertrauten Orte der Kindheit: Kindergärten, Schulen, Familien, Spielplätze geraten unter unwiderlegbaren Verdacht, Horte des Bösen zu sein. Verfahren gegen Eltern, Erzieher, Ärzte, Pädagogen und Psychologen wegen Mißbrauchs ihrer Schützlinge überziehen das Land, deren totale Erinnerung von weiteren Experten gefördert und bezweifelt wird. Weil man nicht jede Kindertagesstätte schließen, aber auch niemandem mehr trauen mag, nicht einmal dem Zeugnis der Kinder selbst, werden schließlich technische Lösungen gewählt: Videokameras und Webcams werden zur lückenlosen Überwachung der Privatsphäre installiert, um künftigen Verbrechen oder hysterischen Hexenjagden vorzubeugen. Wenn alle alles sehen, werde nichts geschehen, so hofft man, tatsächlich muß man sich nun aber sorgen, daß künftig voyeuristische Hacker in die Netze der Kindergärten vorstoßen. Alles kann mißbraucht werden, nicht nur die Sicherheitstechnologien. Beobachter, Analytiker, Hacker dringen in das Intimste vor, es gibt keine Kindheitserinnerung oder kein Kleid mit Spermaflecken, die nicht ins Licht der Öffentlichkeit gezerrt werden könnten. Die 90er: eine Zeit der Paranoia.

Jimmy Stokowski ist ihr Geschöpf. Sein Vater hat ihn – bestenfalls – extrem vernachlässigt, aufgewachsen ist er völlig isoliert in einem Pappkarton der Firma *Gracen & Gracen*. Die Enge dieses Kartons mit der Aufschrift *The family company* ersetzt ihm die Geborgenheit der Familie. Durch ein Loch konnte Jim hinaus auf einen Fernseher schauen, der Tag und Nacht lief, seine Nahrung wurde täglich in den Karton hineingeschüttet, einmal in der Woche wurde ausgemistet. Jimmy wurde vom Kabel-TV erzogen und mit »TV-Dinners« ernährt wie so viele seiner Generation. Weil es ihm – kein Wunder – an christlichem Glauben mangelt, schneidet ihm sein Vater zum Gedächtnis ein Kreuz in das Fleisch seiner Hand; Jim wird sich an diese Wunde erinnern. Natürlich ist er nicht nur traumatisiert und stigmatisiert, sondern auch ein Soziopath. Was sein Vater ihm an Liebe vorenthielt, bekam er von seiner jungen Stiefmutter Bobbi in Form einer soliden sexuellen Grundausbildung mit starkem SM-Touch. Zuviel Fernsehen enthemmt. Der Jugendliche verwandelt sich vom Opfer zum Täter, Jim begeht seinen ersten Mordversuch, um seinem Karton zu entkommen, und beginnt zugleich eine eigene Medienkarriere: Der Vater wird ans Bett gebunden, das Haus abgefackelt, noch ein Dutzend Jahre später kümmert sich eine Spezialklinik um Daddy, die Zeitungen berichten. Fernsehen wird Jimmy nicht mehr sehen, er inszeniert nun seine eigene Show. In der ersten Folge der Serie, die er liebenswürdig, mit freundlicher Stimme aus dem Off gleichsam als sein eigener Moderator kommentiert, taucht er auf als junger Mann mit einer exzellenten Ausbildung, angenehmen Umgangsformen und einem neuen Namen. Seine kreuzförmige Narbe in der Hand hat ein Schönheitschirurg entfernt, kaum etwas erinnert an sein Leben vor den zurückgegelten, schwarzen Haaren, den schwarzen Anzügen, schwarzen Handschuhen, schwarzen Krawatten und dunklen Sonnenbrillen. Nachdem er einen Konkurrenten um die Stelle scheinbar vergiftet hat, tritt er als Jim Profit in das Topmanagement von *Gracen & Gracen. The family company* ein. Jim ist wieder zu Hause statt im Karton im *Gracen & Gracen Tower*. Doch diesmal will er sein Heim nicht abbrennen, sondern übernehmen, an die Stelle des Vaters treten. Das Verdrängte kehrt nie als dasselbe wieder – der Vater soll nicht getötet, sondern abgelöst werden. Der Juniorpartner Profit will den Posten des CEO Charles Gracen, um *Gracen & Gracen* in eine Traumfamilie zu verwandeln. Dieser Zweck heiligt jedes Mittel. Noch auf der Beerdigung seines Kollegen versichert er sich der Sekretärin seines Vorgesetzten Jack Walters: Sie hat ein wenig Geld unterschlagen, damit kann man drohen; sie hat eine kranke Mutter mit einer hohen Arztrechnung, damit kann man motivieren. Belohnen und Strafen – Jim entpuppt sich im Umgang mit seinen Kollegen als wahrer Pädagoge. Die derart gekaufte und erpreßte Gail wird sich denn auch zu einem echten Prachtstück einer loyalen Sekretärin entwickeln.

Das Familienunternehmen *Gracen & Gracen* ist eines der größten der Welt. Wie bei jeder Familie von Rang ist ihr Kerngeschäft *merger & acquisition* oder – mit einem Wortwitz von Patrick Bateman zu sprechen – *murder & execution*. Einst wurden strategische Allianzen in Form von Heiraten geschlossen, um Weltreiche zu gründen, das Intime war für die großen Herrscherhäuser immer ein Instrument politischer Interessen; die Gracens von heute übernehmen, zerschlagen und verkaufen Partner wie Gegner zum höheren Ruhme des Aktienkurses. Eine Versippung der Führungskräfte sichert die interne Homogenität des Unternehmens. Alle sind verwandt, die »Vollwaise« Jim könnte es schwer haben. Gut für ihn, daß die Gracens nicht der *Brady bunch* sind. Denn die in Amerika so geschätzten und gerade in den 90er Jahren vom Kommunitarismus wiederentdeckten und gepredigten *family values* heißen bei *Gracen & Gracen* Ehrgeiz, Eifersucht und Egoismus. Im Kampf um die Macht in Familie und Firma werden private Konflikte ökonomisch ausgetragen und finanzielle Interessen privat verfolgt: Der kleinere Bruder Pete Gracen plant mit seinem Onkel Arthur McLean die feindliche Übernahme der Firma, um den verhaßten großen Bruder Charles zu ersetzen. Der beneidete Charles muß selber zähneknirschend den Weisungen seines

Vaters folgen, der als graue Eminenz die Fäden zieht und durch den Justitiar seine Entscheidungen bestellen läßt. Topmanager Jack Walters hat eine Gracen geheiratet und muß nun mit den reichen Brüdern »mithalten« und macht Schulden, weil er zu stolz ist, auf das Geld seiner reichen Frau zurückzugreifen. Dennoch heißt es, er habe ihr Vermögen geheiratet. Nora, die Frau des jüngeren Bruders, ist als zwölfjähriges Mädchen mehrfach von Onkel Arthur mißbraucht worden. Er behauptet, sie habe es genossen, geschrien habe sie jedenfalls nicht. Wüßte Pete von diesem Mißbrauch, wäre die feindliche Übernahme in Gefahr. Charles' Frau Constance ist lesbisch, sie wird von ihrem Mann betrogen und betrügt ihn. Charles ist Morphinist, Pete ist Alkoholiker, impotent und eifersüchtig. Die Sicherheitsberaterin Joanne hatte eine Affäre mit Jack. Sie ist als Mädchen von ihrer älteren Schwester gequält worden: Sie hatte ihr im Schlaf eine Schlinge um den Hals gelegt und langsam zugezogen, bis sie atemringend aufwachte. Ihr Vater ist Selbstmörder. Sie hat Alpträume. Ihr Psychoanalytiker mißbraucht seine Patientinnen, wer ihm Widerstand leistet, wird gedopt und eingewiesen. Jedes private Leiden, jedes psychische Trauma ist eine Schwachstelle im ökonomischen Kampf. Ein ganz normales Familienunternehmen in den USA in den 90ern. Für jemanden, der Augen hat, zu sehen, und Ohren, zu hören, ist es ein Paradies der Erpressung und Manipulation.

Jim Profit ist dafür genau der richtige Mann, und nicht nur deshalb, weil er ein versierter »Sicherheitsexperte« bzw. Hacker ist. Seine ausgezeichneten Eigenschaften sind Einfühlsamkeit, Empathie, Mitleid, Sensibilität. »Sie können so gut zuhören«, loben die Frauen von Walters und Pete, die sich ihm anvertrauen. Er hat immer Zeit für sie, hilft, wo er kann, er ist ein Wirklichkeit gewordenes Wunschbild, ein Fernsehbild. Kein Wunder, daß Nora Gracen mit ihm schlafen möchte statt mit dem impotenten Alkoholiker Pete Gracen, mit dem sie verheiratet ist, aber Jim lehnt ab, sie sei verheiratet und Pete sein

Freund. Es sind die Werte, die zählen. So entsteht Vertrauen, das schwer zu irritieren sein wird. Auf diesem Weg verschafft sich Profit Wissen, aus dem er jederzeit Waffen im Kampf um die Macht schmieden kann. »Wer dem andern sein Geheimnis mitteilt, macht sich zu dessen Sklaven«, warnt Gracián. Jim macht sich entsprechend zum *shareholder* intimster Ängste und Zweifel. Dies ist sein Kapital, mit dem er zu wuchern versteht. Die einzige Person, die Macht über Profit hat, ist seine »Mom«, die nicht nur weiß, daß er seinen Vater ermordet hat, sondern dies auch belegen kann, ihre Lebensversicherung. Daß sie ihn nicht anzeigt, liegt nicht nur daran, daß sie ihn ständig um Geld angeht, um ihre Heroinsucht zu befriedigen, und gelegentlich mit ihm schlafen möchte, sondern an Profits Möglichkeiten, ihr mit seinem Wissen erheblich zu schaden. »Man muß so gehen, daß der beiderseitige Vorteil im Schweigen, der Schaden in der Mitteilung liege«, schreibt Gracián, so daß im Fall des Verrats die »Gefahr gemeinsam und der Fall gegenseitig« wäre. Eine kluge Lebensweisheit, an die Profit sich immer hält. Über alle seine Mitarbeiter und Geschäftspartner führt er schwarze Akten. Aus Freunden können Feinde werden, Interessenkoalitionen zerfallen, aber was bleibt, sind – wir sprechen wieder mit Gracián – die »Daumenschrauben«, die jederzeit den »freien Willen unfehlbar schachmatt setzen«. Wenn dagegen einmal umgekehrt Profit die Folterwerkzeuge gezeigt werden, erweist er sich als furchtloser Heros der Dissimulation: Seine Gegner bleiben nicht völlig erfolglos, sie scheinen ihm firmenschädigendes Verhalten nachweisen zu können; Profit streitet alles ab, es steht Aussage gegen Aussage. Es ist typisch, daß auch in diesem Fall nach einer technischen, vermeintlich objektiven Entscheidung gesucht wird. Charles Gracen ordnet einen Lügendetektortest an. Jim läßt Gail Reißzwecken und Heftpflaster einkaufen und erläutert uns mit seiner liebenswürdigen Stimme aus dem Off, daß ein Lügendetektor keineswegs feststelle, ob jemand lüge oder die Wahrheit sage, sondern nur bestimmte Reaktionen des Körpers auf bestimmte Reize messe. Nicht nur was seine Manipulationen betrifft, hängt Profit einem mechanistischen Weltbild von Reizen und Reaktionen an. Er klebt sich also die Heftzwecken in die Schuhe und läuft am Tag des Testes auf Nägeln. Der Schmerz bringt die Elektrostatik seiner Physis derartig durcheinander, daß der Lügendetektortest nichts Entscheidendes erbringt. Der Körper verbirgt Profits Lügen, Profit verbirgt seinen Schmerz. Seine Fähigkeiten zur Dissimulation erreichen hier stoische Ausmaße.

Geschäftlich wird Profit sehr geschätzt. Firmenübernahmen scheinen ihm zu liegen. In komplizierten Situationen gelingen ihm stets klare Lagebeschreibungen. »Sie haben einen so glasklaren Verstand«, freut sich Charles und fragt: »Was ist Ihr Geheimnis?« Er habe viel Zeit in einem Karton verbracht, antwortet Jim wahrheitsgemäß, läßt es aber wie einen Scherz klingen, eine fernöstliche Meditationstechnik sei gemeint, schiebt er nach. Aber es stimmt: In seinem Karton mit dem TV-Bildschirm hat er nicht nur gelernt, gegebenenfalls passiv und kontemplativ zu bleiben, zuzuhören und abzuwarten, sondern auch, seinen eigenen Blick hinter die Oberflächen zu richten, an denen die Beobachtungen anderer abzuleiten pflegen. Seine Box funktioniert wie die Höhle im berühmten Gleichnis Platons: Hinter allem, was sich zeigt, verbirgt sich etwas. Jim Profit hat vom Fernsehen gelernt, was die Medientheoretiker allenthalben von den Dächern pfeifen: daß in den Black boxes hinter den Oberflächen der Bildschirme und Interfaces die interessanten Dinge ablaufen, nämlich die Verfahren und Strategien, nach deren Vorgaben konstruiert wird, was erscheint. Die Wahrheit ist nicht *da draußen*, sondern *dahinter*. Weil Jim Profit dies weiß, geht er auf andere mit emphatischem Verständnis ein, um aus den gesammelten sensiblen Daten auf die geheimen Interessen und Ängste hinter den *face-to-face*-Interaktionen zu schließen, die er beobachtet; und weil Jim Profit weiß, daß dies auch andere wissen können – potentiell jeder *couch potato* –, investiert er hohe

Energien, um alle Blicke hinter seine Fassade abprallen zu lassen. Lieber simuliert er nichtexistente Schwächen und Laster: Alkoholismus oder Vegetarismus etwa, als zu riskieren, daß seine wahren Absichten und Emotionen in Sicht geraten. Wenn er denn einmal jemandem Zugang zu seinem Innersten zu gestatten scheint und etwa über seinen Vater spricht, erreicht er gerade dann die wahre Meisterschaft der Verstellung, die Balthasar Gracián in seinem zeitlosen *Handorakel und Kunst der Weltklugheit* aus dem Jahre 1647 so beschrieben hat: Wenn die Verstellung erkannt habe, daß ihre Kunst Gefahr laufe, durchschaut zu werden, dann »steigert sie sich noch höher und versucht nunmehr durch die Wahrheit selbst zu täuschen: sie ändert ihr Spiel, um ihre List zu ändern, indem sie so ihren Betrug auf die vollkommenste Aufrichtigkeit gründet«. Je »aufrichtiger«, desto »trügerischer«, meint Gracián, und gewiß ist Jim Profit nie gefährlicher als in jenen Momenten, in denen er die Wahrheit sagt. – Aber sosehr sich auch die Frauen bemühen, die ihn lieben oder verdächtigen und jedenfalls Jagd auf seine Geheimnisse machen, niemand betritt – im Verlauf der gedrehten acht Folgen zumindest, leider gibt es nicht mehr – den einzigen Raum der Authentizität dieser Serie: einen dunklen Raum hinter einer verschiebbaren Bücherwand in Profits Penthouse, in dem ein Computer steht, an dem Jim die physischen wie immateriellen Bewegungen und Transaktionen bei *Gracen & Gracen* überwacht, sowie ein Karton der Marke *Gracen & Gracen*, in dem er nackt schläft, wie als Kind in Embryonalstellung. Jim Profits Arbeits- und Schlafzimmer. Wer hierhin eindränge, durchschaute ihn. Die, die es versuchen, werden auf dem Weg dorthin vernichtet. Dieser Raum ist sicher, nur wir dürfen Jimmy dort zuschauen, und manchmal spricht er uns aus seinem Karton heraus an: »Es ist keine Wissenschaft, Menschen zu manipulieren, es ist eine Kunst.«

Er hat vollkommen recht. Jim Profit ist ein Meisterschüler der *Kunst der Weltklugheit* Balthasar Graciáns. In dessen Maxime 297 wird empfohlen, stets so zu handeln,

»als würde man gesehen. Der ist ein umsichtiger Mann, welcher sieht, daß man ihn sieht oder doch sehn wird. Er weiß, daß die Wände hören.« Wenn man wie Jim Profit weiß, daß man überwacht wird und ein ehemaliger, bereits aus dem Weg geräumter Abteilungsleiter und seine Exgeliebte, eine hochmotivierte wie hochneurotische Sicherheitsberaterin, alles nutzen, was die Hochtechnologie der Fahndung zur Verfügung stellt, um einen Blick »dahinter« zu werfen, dann bietet sich an, so zu tun, als bemerke man davon nichts, um den überwachten Raum in eine Theaterbühne zu verwandeln. Profit läßt sich in die Karten schauen, doch sind sie allesamt gezinkt: manipulierte Dateien, simulierte Gespräche, falsche Memos. »Wer mit offenen Karten spielt, läuft Gefahr zu verlieren.« (Maxime 98) Profit verliert manche Partie, aber nicht das Spiel, denn er lernt. Aus Fehlern wird man klug, weltklug. Ob dies auf Dauer ausreicht, bleibt offen. Die achte und letzte Folge endet mit einer Familienfeier, auf der die psychopathische Rumpffamilie auf den Gracen-Clan stößt. Ein Toast auf Jim, den Retter der Firma, ein Toast auf seine Mom, die neue Frau an der Seite von Charles Gracen. Es sieht ganz nach einer heimlichen Übernahme aus. Das allerletzte Bild zeigt Jim und Bobbi beim *french kissing*. Das ödipale Dreieck ist komplett, ich wüßte zu gerne, ob Jim Profit jemals Vater der heiligen Familie geworden wäre. Verdient hätte er es gewiß.

Jim Profit
USA 1996; 8 Episoden; D: Adrian Pasdar (Jim Profit), Lisa Zane (Joanne Meltzer), Lisa Blount (Bobbi Stokowski), Keith Szarabajka (Charles »Chas« Gracen), Jack Gwaltney (Pete Gracen), Allison Hossack (Nora Gracen), Sherman Augustus (Jeffrey Sykes), Lisa Darr (Gail Koner).

INGO STÖCKMANN

Der Geschmack des Rohen

Dr. Hannibal Lecter (Das Schweigen der Lämmer / The Silence Of The Lambs)

Er ist ein Mann von Geschmack – und dies in seiner kultiviertesten wie grauenhaftesten Bedeutung. Dr. Hannibal Lecter, von Autor Thomas Harris zur Welt gebracht und von Anthony Hopkins perfekt verkörpert, hat die Cineasten des Jahres 1991 in einer nur schwer zu überbietenden Mechanik des Grauens an die Brüchigkeit der modernen Zivilisation erinnert, unter deren Firnis die Fratze des Anthropophagen für 114 Minuten ihr Haupt erhebt. Denn »Hannibal der Kannibale«, wie ihn FBI-Agentin Clarice Starling und mit ihr eine massenmedial informierte Öffentlichkeit nennt, verkörpert jenen alles verschlingenden, wollüstigen Biß in das weiche Fleisch der westlichen Welt, die das andere der pathologischen Lust sorgsam verdrängt zu haben glaubt und die das moderne Tabu des Kannibalismus in unterirdische Hochsicherheitstrakte sperrt – in Verliese und Zellen übrigens, die Roman und Film nicht zufällig jener ebenfalls unterirdisch gelegenen Zisterne des Grauens ähneln lassen, in die der atemlos gesuchte Frauenmörder Buffalo Bill seine Opfer zu verweilen einlädt, um deren Haut für spätere Schneiderarbeiten geschmeidig und verarbeitungsfähig zu halten. Nun zeigen die gebildeten Gesprächsvorlieben Hannibal Lecters, wie sehr der noch im Gefängnis als psychologischer Gutachter und Publizist tätige Gourmet ein Mensch jener vergangenen Epoche ist, die sich zu Recht als Zeitalter des Geschmacks und seiner feinen Unterschiede verstehen konnte. Lecter ist, sieht man von seinen professionellen und mitunter penetrant vorgeführten Psychologismen ab, ein vom dämmernden Licht Alteuropas beschienener Kenner exquisiter kulinarischer Lüste und ein Meister des erlesenen Geschmacks *in aestheticis* – mit der entscheidenden Pointe allerdings, daß Lecter die noch im 17. und 18. Jahrhundert gängige Unterscheidung zwischen dem handgreiflichen Geschmack des Gaumens und dem »figürlichen« des kultivierten Intellekts gerade nicht teilen möchte. Was der Zuschauer aus den berufenen Mündern Jack Crawfords und Dr. Frederick Chiltons über Hannibal Lecter erfährt, bevor Anthony Hopkins dem Kannibalen ein ebenso rosiges wie perfides Gesicht leiht, ist daher auch immer schon *beides*: Hannibal Lecter schätzt die gewählte Kleidung, die gute Kinderstube und die Contenance im Umgang mit Menschen (»Taktlosigkeiten sind für mich verabscheuungswürdig«, darf Lecter durch Sicherheitsglas bekräftigen; wer hätte daran gezweifelt) ebenso wie die inneren und äußeren Organe seiner Mitmenschen, die er, wie die »Leber« eines Volkszählers oder die »Zunge« einer Krankenschwester, roh und ohne weitere Feinheiten der Zubereitung, allenfalls, wenn es die Zeit gestattet, mit einigen »Favabohnen« garniert, zu vertilgen pflegt. »Festessen« nennt Lecter diese in aller Eile eingenommenen Häppchen, die seinen Puls, wie Dr. Chilton weiß, im Moment der anthropophagen Attacke »keinen Moment über 85« treiben. Wenn die Hitze des Begehrens aufflammt, verschafft sich offenbar auch die Kaltblütigkeit des Täters ihr Recht. Und wo die kannibalischen Bankette, wie in den Käfigen und Sicherheitszellen des amerikanischen Strafvollzugs, ausbleiben, muß sich das Begehren des rohen Menschenfleisches an Substituten entzünden und verzögern: in der Lektüre der Zeitschrift *Bon Appétit*, der Dr. Lecter, dies macht Harris' 1999 erschienene Romanfortsetzung *Hannibal* deutlich, auch im fortgeschrittenen Alter nicht fehlen wird, oder in der Einnahme eines blutigen Lammkoteletts, von dem noch zu reden sein wird. Weil sich aber der Geschmack nicht nur an humangastronomischen Exzessen erfreut, deren Flüchtigkeit immer neue Menschenopfer erforderlich macht, ist Dr. Lecter auch ein kundiger Beobachter von Kleidung und Schuhwerk. Wenn Clarice Starling (Jodie Foster) auf den Flü-

174

geln ihrer Gouvernantenerotik den immer wie einen Tänzer auftretenden, körperlich enorm disziplinierten Kannibalen zur Mitarbeit und das heißt: zur Preisgabe der Identität Buffalo Bills zu bewegen versucht, blickt der geschmäcklerische Kenner zunächst auf die Kleidung – und, wenige Momente später ganz scharfsinniger Analytiker des Sozialisationsdramas einer frühverwaisten Karrieristin, in das Innere der Person: Starling, dies verraten ihre »zweitklassigen Schuhe«, ist mehr Schein als Sein, mehr falsche Oberfläche als authentische Person und wirkt auf den feinsinnigen Semiologen Hannibal Lecter »wie ein von oben bis unten gut abgeschrubbter, emsig bemühter Bauerntrampel mit ein *bißchen* Geschmack«. Weil die Psychologie den Psychologen zur Wahrheit drängt und in der Welt kultureller Codes, in der Schuhe mehr sagen als Worte, nichts bedeutungslos bleibt, sieht Lecter Clarice Starling die »gewöhnliche Herkunft förmlich aus den Poren« dringen. »Sie sehen eine Menge, Dr. Lecter«, gesteht Starling – und so verkehrt der Film die angestammten Detektionskompetenzen. Clarice Starling wird die als Denksportaufgaben zubereiteten Hinweise Lecters auf die Identität Buffalo Bills mit der schmerzhaften Rekonstruktion ihres eigenen psychischen Dramas bezahlen. Ob die Lämmer je schweigen werden, bleibt freilich ungewiß.

»Oh, er ist ein Monster, ein Psychopath der schlimmsten Sorte«, berichtet Dr. Chilton über Dr. Hannibal Lecter auf dem Weg in die Hirne der Zuschauer und in die Katakomben des Baltimore State Hospital. Roman wie Film wissen es auf eine beeindruckende Weise freilich besser, zumindest anders als der spätgeile Noterotiker Chilton. Hannibal Lecter ist vor allem ein intellektueller Ästhet mit sprichwörtlich enormen Begabungen, die das harte Grauen für den Zuschauer wenigstens für Momente in der weichen Gischt der Faszination abfangen. Lecter verfügt über eine olfaktorische Sinneswahrnehmung, die es ihm gestattet, Parfüms und Lotionen durch Glasscheiben hindurch zu wittern oder den Wundzustand von Hautverletzungen zu bestimmen. Und weil sein Lebensraum auf die wenigen Quadratmeter von Zellen und Käfigen beschränkt ist, ergeht sich Hannibal Lecter in den zahlreichen Mußestunden seines exzentrischen Lebens in den weiträumigen Architekturen seines Gedächtnisses, die er, ein souveräner Erbe der barocken *ars memorativa*, imaginativ bereist und aus deren Landschaften er Anschauungen gewinnt, die sich, wie im Falle des Florentiner Doms »vom Belvedere aus gesehen«, mit photographischer Präzision zeichnen lassen. Doch der Virtuose der In- und Auswendigkeit liebt das Barock vor allem dort, wo er an Bachs *Goldberg-Variationen* die meisterhaft gefügte Ordnung im Chaos der Töne hörend genießen kann. Lecter läßt die Krone der barocken Klaviermusik jenen ekstatischen Moment krönen, in dem er sich, den Ausbruch vor Augen, seiner Bewacher entledigt. Sergeant Pembry wird seinen nicht allzu schnellen Tod von den Segnungen eines rituellen Aktes begleitet sehen, auf dem sich Lecter – den Totschläger mehrfach ins menschliche Fleisch prügelnd – verzückt hinwegtragen läßt. Und weil der gewaltsame Tod für Dr. Hannibal Lecter ein rares Pontifikalamt ist, dem schnell die Schalheit der Ernüchterung folgt, wird der höchste Moment mit den Klängen einer Bachschen Sarabande für Augenblicke gegen sein Vergehen imprägniert. Anthony Hopkins adelt diesen Moment mit einem entrückten Dirigat, in dem die von so viel gesehenem und genossenem Leid immer ein wenig müden Augenlider jene flatternde Bewegung vollführen, mit denen sich die Schwärmer gegen Ende des Films durch Buffalo Bills perverse Paradiese schaukeln. Das Faszinosum, den Mord als schöne Kunst zu betrachten – seit dem frühen 19. Jahrhundert Signum des zynischen und moralfernen Ästheten –, wird Hannibal der Kannibale schließlich um sein eigenes Meisterwerk bereichern: Das Begehren schaurig-schöner Tableaus ersinnt ein farblich gut abgestimmtes Arrangement aus einem sterbenden Menschenkörper und einem Lammkotelett, in dem das rote Blut Kontiguität und anschauliche

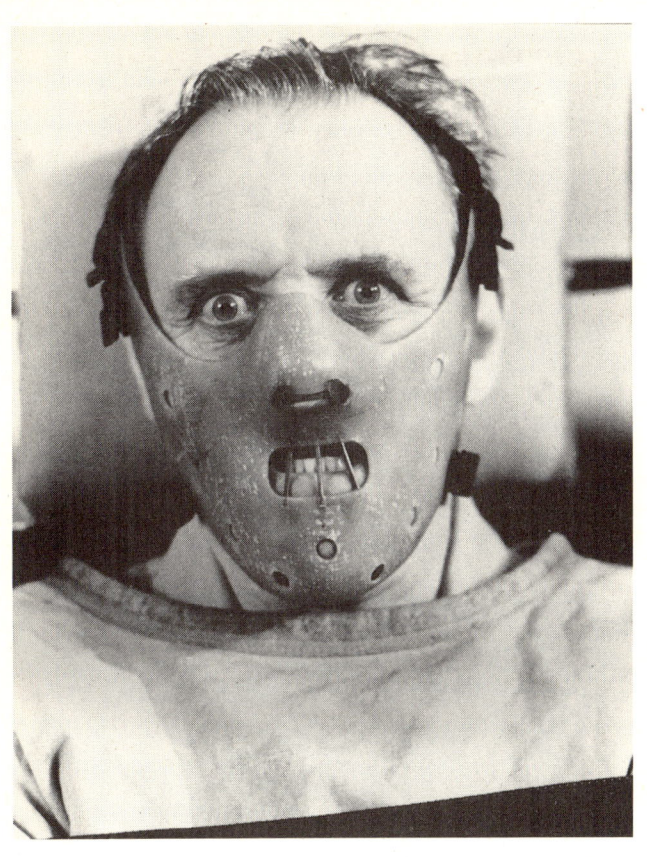

Das Schweigen der Lämmer
Anthony Hopkins

Kohärenz stiftet. Officer Boyle indes wird von Lecter als Gekreuzigter an den Sicherheitskäfig geschnallt, aus dem keine Himmelfahrt den zum bedeutsamen Zeichen arrangierten Körper befreien wird. Ein Menschenfresser, so lernt das zitternde Sondereinsatzkommando, vermag die christliche Ikonographie als Postludium durchaus zu schätzen.

Alle Psychologie ist Kannibalismus, könnte die tiefere Einsicht Hannibal Lecters lauten. Wenn Starling und Lecter wie zu Zeiten gotischer Studierzimmer einen Pakt schließen – »quid pro quo« lautet das Arrangement, bei dem Lecter Informationen über Buffalo Bill gegen Starlings Kindheitserinnerungen tauschen möchte –, erweist sich, welche Wahlverwandtschaften Psychoanalyse und Anthropophagie miteinander verbinden. Als Analytiker des Begehrens weiß Hannibal Lecter selbstverständlich um die Dialektik von Alltäglichem und Besonderem, und als Leser Mark Aurels betreibt der Stoiker eine Metaphysik des Wesens, die im Rückgang auf »oberste Prinzipien« und letzte Gründe unablässig danach fragt, was die Dinge ihrer »Natur« nach, also »in sich selbst« sind. Lecters erkenntnistheoretische Exerzitien, bei denen der Zuschauer immer hofft, daß Clarice Starling nicht den Faden verlieren möge, führen jedenfalls in die Einsicht, daß es das Normale und Alltägliche und keineswegs das Exzeptionelle ist, das der Mensch begehrt, und so kann sich der Kriminalfall bald als gelöst betrachten (Starling wird Buffalo Bill in Belvedere aufspüren und in einem furiosen Finale zur Strecke bringen). Was Hannibal Lecter bei aller Hellsichtigkeit für die Natur abnormer und doch so alltäglicher Lüste freilich übersieht, ist die Struktur des *eigenen* Begehrens, in dem Psychologie und Kannibalismus ein analoges Verhältnis gewinnen. Denn wie der Kannibale in die glatte Körperoberfläche seiner Opfer beißt, um die Organe verschlingen und sich einverleiben zu können, so bricht auch der Analytiker das Außen der Person auf, um an ihr Innerstes zu gelangen. In diesem Sinne ist Lecter, was ihm sein sprechender Name vorgibt zu sein:

ein Automat der Entschlüsselung und der Decodierung eines geheimen, verschwiegenen, auf der Oberfläche jedenfalls nicht sichtbaren und verständlichen Wissens – eines Wissens, das so lange unbewußt bleibt, wie es nicht durch die aufarbeitende Erzählung des Bewußtseins hindurchgegangen ist. Erzählarbeiten dieser Art gleichen einer Einverleibung, und diese Einverleibung bedeutet auf seiten des zuhörenden Analytikers Lecter vor allem, daß sie in ihrem pathogenen Räderwerk verstanden werden müssen. Die Kameraführung des Films weiß in dieser Hinsicht im übrigen mehr als Hannibal Lecter selbst: Wenn Clarice Starling vom Tod ihres Vaters und dem nicht endenden Schrei der Lämmer berichtet, zeigt die Kamera auf dem Höhepunkt der Erinnerungsarbeit die Gesichter der beiden Personen in unmittelbarem Schuß-Gegenschuß, so daß sich alles Trennende zwischen Lecter und Starling bis zur Unkenntlichkeit auflöst. Keine Gitterstäbe behindern ein Verstehen, das sich sein Gegenüber – wenn auch nur für einen Moment – restlos einverleibt.

Daß die Welt *mit* Clarice Starling interessanter ist als ohne sie, ist nach den rund 110 Minuten des Films schließlich eine der wenigen beruhigenden Gewißheiten. Dr. Hannibal Lecter wird die inzwischen zur FBI-Agentin promovierte Clarice Starling nicht »heimsuchen« wollen, und man ist dem Mann von Ehre und Geschmack geneigt zu glauben. Der Nachspann des Films zeigt Hannibal den Kannibalen noch ein letztes Mal in der Pose des Ästheten. Wie ein Poescher Mann in der Masse, dandyhaft leicht und dezent gekleidet, scheint sich Hannibal Lecter ziellos und indifferent durch das Menschengewimmel treiben zu lassen. Doch die Wege des Kannibalen sind nicht zufällig, denn längst hat er eine Witterung aufgenommen, die um die körperliche Unversehrtheit des Dr. Frederick Chilton fürchten läßt. Für Lecter wird das Treffen, eigenem Bekunden nach, ein »Festessen« sein.

Das Schweigen der Lämmer
(The Silence Of The Lambs)
USA 1991; R: Jonathan Demme; Db: Ted Tally; D: Jodie
Foster (Clarice Starling), Anthony Hopkins (Dr. Hannibal
Lecter), Scott Glenn (Jack Crawford), Anthony Heald
(Dr. Frederick Chilton).

GUDRUN SCHURY

Lady Macbeth trifft Marquise de Merteuil

LADY MACBETH: Verzeihung, darf ich mich zu Euch setzen? Es sieht so aus, als seien wir die einz'gen Frauen hier.
MARQUISE DE MERTEUIL: Oh, bitte, hocherfreut! Nehmen Sie Platz, meine Liebe. – Sind Sie nicht die Lady mit
den blutroten Handschuhen?
LADY: Welch herrlich Auftritt, den ich hatt' im Nacht-
gewand: »Fort, verdammter Fleck! Fort, sag' ich! – Wie,
wollen denn diese Hände nie rein werden? – Noch immer
riecht es hier nach Blut: Alle Wohlgerüche Arabiens würden diese kleine Hand nicht wohlriechend machen. Oh!
Oh! Oh!« Doch, schweigen wir. Nur soviel sei fragend bemerkt, warum man hier nichts als Männer, Männer,
Männer zu Gesicht bekommt? Eine ehrenwerte Gesellschaft, wenn ich mich so umschau', doch wenig ist fürs
Aug' dabei: nur Hosen, Wämser und Krawatten, nur
Schwarz, Grau, Braun und Dunkelblau! Ein Glück, daß
Sie da sind …
MARQUISE: Wenn das ein Kompliment für meine Garderobe gewesen sein sollte, dann danke ich recht artig,
Mylady. Sie haben da ja einen etwas extremen Ge-
schmack … Wie dem auch sei, um auf Ihre Frage zu ant-
worten: Ich kann es mir bloß auf die Weise erklären, daß

man eine strenge Auswahl getroffen hat. Und letztlich ist es schon so, daß lediglich *Sie*, meine Liebe, und *ich* zwischen all diese Herren wirklich passen. Wer hätte unsere Fraktion denn verstärken sollen?

LADY: Sie haben recht. Die Weiber taten es aus Eifersucht, aus verletztem Stolz, aus Gier und gar aus Liebe. Reglos böse sein ist eine hohe Kunst.

MARQUISE: Man gibt Küßchen, man lacht, man schluchzt und weiß stets, für wen. Und dann – wenn auch etwas Malice dabei ist, man will sich doch amüsieren! Ab und zu erlaubt man sich den Anflug eines Herzflimmerns. Das würzt die Morgenschokolade.

LADY (spitz): Sie sind ja meist allein erwacht, so ich nicht irre?

MARQUISE: Ach Gott, die Ehe! Das ist vielleicht etwas für *Ihr* Erdzeitalter gewesen, Schätzchen. Im übrigen habe ich auch sie gekostet. Nun: Ich wollte nicht genießen, ich wollte wissen. Ich hütete mich, es noch einmal zu versuchen – weil ich nur zu meinem Vergnügen betrügen wollte und nicht aus Not.

LADY: Mein Mann, ich mochte ihn, doch wurd' er mehr und mehr zur Memme, hirnkrank und schwach, der Weibermärchen lauschte, bis er, entmannt von Torheit, nur durch mich noch Herrscher war.

MARQUISE: So mein Valmont, der einzige, der mir ebenbürtig schien, bis auch ihn der lächerlichste aller Affekte zum Narren machte. Er vergaß, daß man bei unserem Spiel das Herz im Ärmel läßt.

LADY: Ein teurer Bewunderer, ein Japaner, hat mich für die Leinwand schminken lassen als Maske aus dem Noh-Theater. Das war wohl passend, fand ich. Wie ich als Asaji raschelnd über die Tatami gleite, milchweiß im Gesicht, die schmalen Augen schwarz wie üble Galle ...

MARQUISE: Ach, in jenem Schloß im Spinnwebwald, meinen Sie? Ich weiß nicht, Kurosawa wurde Ihrem Genie nicht ganz gerecht. Man hatte ja geradezu Mitleid mit Ihnen in diesem unvorteilhaften Kimono, Sie arme Seidenraupe! Aber Ihr Gatte, dieser, dieser ...

181

LADY: Mifune hieß der große Mime.

MARQUISE: Ja, dieser Mifune mit dem Rasierpinsel auf dem Kopf, der hatte was, besonders am Schluß, wenn er im Pfeilhagel so lange zum Sterben braucht.

LADY: Er fand in Malkovich auf weißem Grund den Meister!

MARQUISE: Jene Duellszene war in der Tat erbaulich. Süßer kleiner Keanu, wie er dein Filmblut auf dem hellen Schnee vergoß! Und du, einst vielversprechender Don Juan, du machtest dich mit einem roten Loch davon; freilich nicht mit dem Namen Merteuil auf den erblassenden Lippen, die ich nicht mehr geküßt hatte seit … – Nun: Was geschehen ist, ist geschehen! – Ach, Valmont, du Tor! Du hieltest dich nicht an die Regeln.

LADY: Nichts stand in seinem Leben ihm so gut, als wie er es verlassen hat. – Da fällt mir ein: Sie hatten Glück mit Ihren Dienern! Fast zu gleicher Zeit tat's englisch Frears und Forman auch, der Tscheche.

MARQUISE: Hm, Pech für Milos! Der Titel meines Lebenswerks war vergeben, als sein Film kam, und wie sollte Annette Bening es mit Glenn Close aufnehmen? Obwohl auch sie unvergleichlich elegant daherkam! Diese Hütchen, diese Jabots! Ihre Kutschen, Spiegel, Sofas, Wannen, Schalen, Vasen, Leuchter – oh là là!

LADY: Höchst opulent – und teuer, sagt man.

MARQUISE: Nicht grad Low Budget. 20 Millionen mehr als Frears mit seinen 15 hatte der gute Forman in der Börse. Er war und blieb der zweite, versuchte einen neuen Amadeus, war eloquent, war dekadent, gab sogar dem Vicomte was Rührend-Albernes mit auf den Weg, ich glaub', er naschte gar bei der Komödie und …

LADY (unterbricht sie): Ist das ein Dolch, was ich vor mir erblicke?

MARQUISE (trocken): Nein, eine Kuchenschaufel. Nehmen Sie doch noch ein Stückchen, hier zahlt alles der Verlag.

LADY: Ich habe bitter zahlen müssen dafür, daß ich dem Schicksal auf die Sprünge half.

MARQUISE: Seien Sie froh, daß Sie so jung gestorben sind: In den Jahren zwischen 40 und 50 macht die Verzweiflung, ihr Gesicht verwelken zu sehen, die Wut, sich verpflichtet zu sehen, Ansprüche und Freuden aufgeben zu müssen, an denen sie noch hängen, fast alle Frauen säuerlich und mißlaunig. Ich bin aus den gefährlichen Liebschaften mehr als zerrupft hervorgegangen, in einem Alter, in dem ich noch jeden Kavalier hätte abblitzen lassen können.

LADY: Ihr schmählich Ende war bei Frears wie Forman gar nicht recht beleuchtet. Bankerott warn Sie, Ihr Antlitz schwarz entstellt von Blattern, einäugig, einsam, von allen Schmeichlern gar verlassen. Vor allem: in der Oper ausgezischt.

MARQUISE: Respekt! Wenn eine Frau nach dem Herzen einer andern stößt, verfehlt sie selten den rechten Punkt, und die Wunde ist unheilbar, jedenfalls drüben.

LADY: Schön ist häßlich, häßlich schön. Was meinen Sie, was ich gelitten habe bei Orson Welles!

MARQUISE: Ach, der Herr mit dem umgedrehten Stövchen auf dem Kopf?

LADY: Stövchen?

MARQUISE: Wie nennen Sie denn das Ding, das er im Film trägt?

LADY: In der Tat, die Krone war ein wenig grob. Und meine Rolle, Jeannette Nolan, in ihren Kleidern, irgendwie ...

MARQUISE: Kleider mögen Sie die Kutten nennen? Nur zwei verschiedene hat sie den ganzen Film über zur Auswahl, eins davon hochgeschlossen wie ein Frisierumhang. An Stoffülle wird gespart, ebenso an der Farbe, dafür zur Schau getragene Schnürungen bis in den Schritt. Daß sie einen Hang zur Hysterie hat, zeigen die in Höhe der Gebärmutter getragenen Goldgürtel. Und dann ihre Flechtfrisuren, ihre Schleierhauben; also, ich bitte Sie! Macbeth trägt einen pelzbesetzten Zuckerhut! Bei den Nebenfiguren das gleiche: Hohepriester mit Zöpfen à la Obelix oder schwarzen Badekappen, Rittergesichter zwischen Kettenlätzchen wie Dackelohren und Soldaten unter Kuhhörner-Helmen. Wie soll man da in Stimmung kommen?

LADY (deklamiert): Kommt, Geister, die ihr lauscht auf Mordgedanken, und entweibt mich hier. Füllt mich vom Wirbel bis zur Zeh, randvoll, mit wilder Grausamkeit! Verdickt mein Blut, sperrt jeden Weg und Eingang dem Erbarmen, daß kein anklopfend Mahnen der Natur den grimmen Vorsatz lähmt, noch friedlich hemmt vom Mord die Hand! Kommt an die Weibesbrust, trinkt Galle statt der Milch, ihr Morddämonen! Wo ihr auch harrt in unsichtbarer Kraft auf Unheil der Natur! Komm, schwarze Nacht, umwölk dich mit dem dicksten Dampf der Hölle, daß nicht mein scharfes Messer sieht die Wunde, die es geschlagen; noch der Himmel, durchschauend aus des Dunkels Vorhang, rufe: Halt! Halt!

MARQUISE: Contenance, Beste! Die Herren drehen schon die Köpfe! Und übrigens stammt der dickste Dampf der Hölle von ihren Zigarren.

LADY: Seine Augen blitzten mit den Noppen seiner Rüstung um die Wette. Welch ein Mann: Orson Welles!

MARQUISE: Ein bißchen sehr männlich für eine Beziehung, in der *sie* die Hosen anhat …

LADY (fällt aufs neue ein): … und entweibt mich hier!

MARQUISE: Ja, ja, ist schon gut. Wir beide sind doch allemal bessere Männer gewesen als das schwache Geschlecht der Höflinge! Hatten Sie nicht bei Polanski ein Milchgesicht an Ihrer Seite?

LADY: Einen hübschen Jungen, ja. Und jung waren wir schließlich, jung und besessen.

MARQUISE: Das gab einen schönen Kontrast ab, wie Francesca Annis am Anfang mit ihren langen blonden Haaren und dem hellblauen Kleid mit den feingeschnürten Untergewandärmeln die Gänseliesel machte, zwei irische Wolfshunde an der Seite, dabei ahnten wir schon ihr grausames Herz.

LADY: Ein blutjung verliebtes Weibchen, so stellt's Polanski hin. Wie sie das Bett mit Rosenblättern schmückt, um bald darauf dem Mann den Dolch zu reichen! Man glaubt versetzt sich in die Minnebilder, so weiß die Schleier, golden das Haar, so hold die Borten, reich die Kleider. Wie Braut und Bräutigam begehn sie da den Mord. Geschäftig, doch keine Dienerin, erscheint die Frau! Stark ist ihr Wille, stark ihr Wahnsinn.

MARQUISE: Eine schlanke, unschuldige Teufelin, ja, das gefällt mir! Als Annis mit ihren blutbesudelten Händen auftaucht, sieht sie aus wie ein Mädchen, das vom Teigkneten kommt.

LADY: Ein Paradies ist dort, wo ihre Unschuld sie verschleudert. Und nicht nur Gänse hat es: Bären, Hunde, Pferde, Hühner, Schafe, Schweine, Falken. Daß dieses Vieh sich tummelt überall, verdirbt der Lady ihren Tod zuletzt.

MARQUISE: Eine starke Szene! Zwischen Stroh und Unrat liegen Sie völlig zerschmettert und verdreht im Burghof, nichts als ein Haufen Abfall. Und damit nicht genug, gibt es noch ein herrliches Stilleben zu bewundern: Von Lady Macbeth' Leiche, notdürftig mit einer Pferdedecke den Blicken entzogen, ragen inmitten von Staub und Schmutz zwei nackte Beine in die Gegend. Sie sind voll Hühnerkot!

LADY: Schlafende und Tote sind Bilder nur.

MARQUISE: Und Bilder wollen wohl komponiert sein. Eins muß ich meinem Regisseur ja lassen: Keiner hat so appetitlich inszeniert, schon gar nicht Roger Vadim mit seiner Marquise Jeanne Moreau in ihrer ärmlichen Garderobe. Von Champagner über Erdbeer bis zu Lachs, so leuchten die Roben von Glenn Close, und selbst die Kleider ihrer Kammerkätzchen sind verführerische süße Sahnetörtchen. Die Seide raschelt wie Frühlingsschilf, der Brokat schillert blau und silbern wie eine junge Forelle …

LADY: Marquise, werdet nicht poetisch.

MARQUISE: … sie versinkt in den Röcken wie in einem duftigen Schaumbad.

LADY: Doch ist ihr Busen schief geschnürt, als hätte höchste Seenot die Fregatte.

MARQUISE: Es sind immer die besten Schwimmer, die ertrinken.

LADY: Ich fand den Wahnsinn stilvoll, mit dem sie Puder …

MARQUISE (unterbricht sie): Weit stilvoller ist doch das Lever am Anfang! Puder, Schminke, Mieder, Reifrock – Friseure und Mädchen geschäftig für die Schönheit …

LADY: … mit dem sie, sag' ich, Puder, Quasten, Tiegel, Töpfe um sich wirft an Wände, Zeugen ihrer steten Grausamkeit. Bei Orson Welles liegt die Irre auf dem Feldbett, als hätte just die Grippe sie für eine Weile hingestreckt!

MARQUISE: Degoutant! Ich meine: Man braucht sich nicht zu fürchten vor starken Dosen.

LADY: Er macht's dann gut mit einem Abgang, den Meister Hitchcock nicht besser hätt' erfinden können. Die Treppe geht's hinab, mehr wankt als schreitet sie, sie läßt das Licht mit einem Schrei zu Boden fallen, die Stimme kippt, ein tonlos Wiegenlied erstirbt am Lippenrand, wie Wiehern macht sich Luft die enggepreßte Brust. »Geschehn ist, was geschehn«, so heißt ihr Nachtgebet, bevor mit mörderischem Schrei der Sprung vom Felsen sie erlöst, vorbei an Mauern, Gittern, Klüften.

MARQUISE: Ach, ist das reizend. Ich komme mir wie Gott vor!

LADY: Wir wollen rasch die Runde lassen und im geheimen weiterplaudern. Ich sehe einiges voraus, was wir zusammen leisten werden.

MARQUISE: Trefflicher Vorschlag, meine Liebe! Doch achten Sie auf Ihre Mienen, Ihre Gesten. Wir wollen die Herren dort nicht mit dem Verdacht belasten, wir seien ihnen wieder mal voraus.

LADY: Kein Wissen gibt's, der Seele Bildung im Gesicht zu lesen.

(BEIDE ab.)

Erwähnte Filme, chronologisch:

Macbeth
USA 1947/48; R: Orson Welles; Db: Orson Welles; D: Orson Welles (Macbeth), Jeannette Nolan (Lady Macbeth).

Das Schloß im Spinnwebwald
(Kumonosu-djo)
Japan 1957; R: Akira Kurosawa; Db: Hideo Oguni, Shinobu Hashimoto, Ryuzo Kikushima; D: Toshiro Mifune (Taketoki Washizu), Isuzu Yamada (Asaji).

Gefährliche Liebschaften
(Les Liaisons Dangereuses)
Frankreich 1959/60; R: Roger Vadim; Db: Roger Vadim, Roger Vailland, Claude Brule; D: Jeanne Moreau (Marquise de Merteuil), Gérard Philipe (Vicomte de Valmont), Annette Vadim (Madame de Tourvel), Jean-Louis Trintignant (Danceny).

Macbeth
GB 1971; R: Roman Polanski; Db: Roman Polanski, Kenneth Tynan; D: Jon Finch (Macbeth), Francesca Annis (Lady Macbeth).

Gefährliche Liebschaften
(Dangerous Liaisons)
USA/GB 1989; R: Stephen Frears; Db: Christopher Hampton; D: Glenn Close (Marquise de Merteuil), John Malkovich (Vicomte de Valmont), Michelle Pfeiffer (Madame de Tourvel), Keanu Reeves (Danceny).

Valmont
Frankreich/GB/USA 1989; R: Milos Forman; Db: Jean-Claude Carrière; D: Annette Bening (Marquise de Merteuil), Colin Firth (Vicomte de Valmont), Meg Tilly (Madame de Tourvel).

Zu den Autoren

KLAUS BITTERMANN, geb. 1952; ist Verleger der Edition Tiamat, Autor einer Krimitrilogie mit dem Protagonisten Marc Einstein, und er gibt das beliebte Jahrbuch heraus: Warum sachlich, wenn's auch persönlich geht. Das Who's who peinlicher Personen. Letzte Buchveröffentlichungen (als Hrsg.): It's a Zoni. Die Ossis als Belastung und Belästigung (Berlin 1999); Meine Regierung. Rotgrün zwischen Mittelmaß und Wahn (Berlin 2000).

BETTINA BRÖMME, geb. 1965; lebt als freie Autorin für Print, Hörfunk und Fernsehen in München und schreibt Romane und Drehbücher. Letzte Veröffentlichung im Reclam Verlag: Sommerfinsternis (Leipzig 2000).

KLAUS DIMMLER, geb. 1962; lebt als freier Autor, Lektor und Texter in Essen. Letzte Veröffentlichung im Reclam Verlag (als Hrsg.): Holmes, Marlowe & Co. Die besten Detektive der Welt (Leipzig 1999).

MICHAEL ENDEPOLS, geb. 1962; Studium der Germanistik und Filmgeschichte an der Universität Bamberg. Seit 1990 Mitarbeiter der Kinemathek Karlsruhe.

ROLF-BERNHARD ESSIG, geb. 1963; lebt als Literaturkritiker/ -wissenschaftler und Sprecher in Bamberg. Zahlreiche Buchveröffentlichungen, zuletzt: Der Offene Brief. Geschichte einer publizistischen Form von Isokrates bis Günter Grass (Würzburg 2000). Letzte Veröffentlichung im Reclam Verlag (zusammen mit Gudrun Schury): Karl-May-ABC (Leipzig 1999).

MARGIT HÄHNER, geb. 1960; lebt als freie Autorin in Köln. Letzte Veröffentlichung im Reclam Verlag: Kein Mann ohne Risiko (Leipzig 1999).

GERD HOLZHEIMER, lebt in Gauting bei München, zahlreiche Veröffentlichungen. Im Reclam Verlag erschien zuletzt: Denk dir nix. Ein Bayern-Lexikon (Leipzig 1999).

JUDITH KEILBACH, geb. 1969; studierte Theater-, Film- und Fernsehwissenschaft in Bochum, lebt inzwischen in Berlin und arbeitet als wissenschaftliche Mitarbeiterin am Seminar für Filmwissenschaft der Freien Universität Berlin, Mitglied von 168 – kanal für fernsehtheorie, postgeschichte und digitale bilder.

JÖRG MARTIN, geb. 1966; recherchiert unter dem Deckmäntelchen »freier Redakteur« immer wieder heikle Fälle. Sein bisher letzter Fall: Kopf hoch! Der Ratgeber fürs 21. Jahrhundert (Leipzig 1999).

JOACHIM MOCZALL, geb. 1965; studierte Theater-, Film- und Fernsehwissenschaft in Köln, seit 1995 Filmredakteur beim Kölner Privatsender VOX.

THOMAS MORSCH, geb. 1967; studierte Theater-, Film- und Fernsehwissenschaft in Bochum. Promoviert derzeit zum Thema »Körper – Wahrnehmung – Medien« und arbeitet als wissenschaftlicher Mitarbeiter am Seminar für Filmwissenschaft der Freien Universität Berlin.

JÜRGEN ROTH, geb. 1968; lebt als freier Autor in Frankfurt/Main. Letzte Veröffentlichung: Nullkultur. Feuilleton, Aufsätze, Glossen (Mainz 2000).

MICHAEL RUDOLF, geb. 1961; lebt als freier Autor in Greiz.

FRANK SCHÄFER, geb. 1966; lebt als freier Autor in Braunschweig. Letzte Veröffentlichung: Kultbücher. Von *Schatzinsel* bis *Pooh's Corner* – eine Auswahl (Berlin 2000).

GUDRUN SCHURY, geb. 1959; lebt als Autorin, Literaturwissenschaftlerin, Lektorin und Dozentin in Bamberg. Letzte Veröffentlichung im Reclam Verlag (zusammen mit Rolf-Bernhard Essig): Karl-May-ABC (Leipzig 1999).

KAY SOKOLOWSKY, geb. 1963; lebt als freier Autor in Hamburg. Letzte Veröffentlichung im Reclam Verlag (zusammen mit Jürgen Roth): Lügner, Fälscher, Lumpenhunde. Eine Geschichte des Betrugs (Leipzig 2000).

INGO STÖCKMANN, geb. 1968; studierte Germanistik, Kunstgeschichte und Philosophie in Bochum, Promotion 2000, arbeitet am Germanistischen Institut der Ruhr-Universität Bochum. Aufsätze zur Literaturwissenschaft und Literaturgeschichte, schreibt regelmäßig für Text + Kritik.

NIELS WERBER, geb. 1965; studierte Germanistik und Philosophie in Bochum, Promotion 1993, von 1994–1999 Mitarbeiter am Germanistischen Institut der Ruhr-Universität Bochum. Beiträge für Merkur, taz, Frankfurter Rundschau. Mehrere Buchveröffentlichungen, zuletzt (als Hrsg., zusammen mit Rudolf Maresch): Kommunikation, Medien, Macht (Frankfurt/Main 1999).